青年的思想愈被榜样的力量所激励，就愈会发出强烈的光辉。

**主　编：**
李建臣：清华大学双学位，武汉大学博士，编审，中国作家协会会员，中国科普作家协会会员，中宣部文化体制改革办公室副主任

**副主编：**
刘永兵：海军大校，编审，《海军杂志》原主编，海潮出版社原社长

**审　定：**
葛能全：中国工程院原党组成员、秘书长兼机关党委书记，曾任钱三强院士专职秘书多年

**编委会成员：**
董山峰：《光明日报》高级记者，《博览群书》杂志社社长，清华大学校外导师
李　颖：教育博士，清华大学社会科学学院副研究员
丁旭东：副教授，艺术学博士后，中国音乐学院中国乐派高精尖创新研究中心特聘研究员，中国人生美育研究会副主任委员，中国文艺评论家协会会员
高　伟：中国文艺评论家协会会员，清华大学博士
刘逸帆：北京师范大学中国社会管理研究院副院长，《社会治理》杂志副社长兼副总编
孙佳山：知名文艺评论家，中国文艺评论家协会会员，中国艺术研究院副研究员
董美鲜：远方出版社文化教育编辑部主任，副编审
刘　瑞：北京市西城区优秀教师，北京市西城区先进教育工作者，海淀外国语实验学校教师数学备课组长

给孩子读的"中国榜样"故事

中国克隆先驱

# 童第周

李建臣 主编

中国·武汉

图书在版编目（CIP）数据

中国克隆先驱——童第周 / 李建臣主编. —— 武汉：华中科技大学出版社，2020.10（2022.3重印）

（给孩子读的"中国榜样"故事）

ISBN 978-7-5680-6664-8

Ⅰ.①中… Ⅱ.①李… Ⅲ.①童第周(1902-1979)-传记-青少年读物 Ⅳ.①K826.15-49

中国版本图书馆 CIP 数据核字（2020）第 184168 号

**中国克隆先驱——童第周**　　　　　　　　　　　李建臣　主编
Zhongguo Kelong Xianqu——TongDizhou

策划编辑：亢博剑
责任编辑：沈剑锋
封面设计：胡椒书衣
责任校对：曾　婷
责任监印：朱　玢

出版发行：华中科技大学出版社(中国·武汉)　　电话：(027) 81321913
　　　　　武汉市东湖新技术开发区华工科技园　　邮编：430223

印　　刷：天津中印联印务有限公司
开　　本：880mm×1230mm　1/32
印　　张：7.75
字　　数：187 千字
版　　次：2020 年 10 月第 1 版第 1 次印刷　2022 年 3 月第 1 版第 3 次印刷
定　　价：35.00 元

本书若有印装质量问题，请向出版社营销中心调换
全国免费服务热线：400-6679-118　竭诚为您服务
版权所有　侵权必究

## 推荐序

## 对未来的期许,应以榜样作引领

长江后浪推前浪,新时代发展将势不可当的"后浪"——青少年——的教育及其世界观、人生观、价值观培塑推到了社会大众的面前。所有对未来幸福生活的憧憬,都应该以自强不息的奋斗为底色。青少年要从小树立远大理想,培养高尚情操,发展兴趣爱好,学会独立思考,发奋刻苦读书,掌握过硬的本领,从而改变自己的命运,为实现中华民族伟大复兴的中国梦贡献智慧和力量。

习近平总书记指出:"青年的价值取向决定了未来整个社会的价值取向,而青年又处在价值观形成和确立的时期,抓好这一时期的价值观养成十分重要。"① 然而在今天,一些人更看重的是学习成绩、名校、名师、金钱、地位等。古往今来的许多事实告诉我们,一个人的学习成绩再优异、家境再优越,如果三观不正,便有可能误入歧途。一个人的尊荣,不在于他的地位、财富与颜值,而在于他对世界的贡献、对人类的责任以及对社会的担当。所有对未来的期许,都应该以榜样作引领。在榜样力量的引领下,青少年的心智将更加成熟,行为将更加理性,成长的脚步也将更加稳健。

2020年,在新冠肺炎疫情暴发的危难时刻,全国医护和科技人员逆行而上,奔赴一线抗疫。他们舍生忘死地拯救病患,有的科学家不惜冒着生命危险,以身试药,他们用"奉献指数"换回了人民的"安全指数"。这是一场没有硝烟的战役,却是生与死的较量。这是一场没有先例的疫情防控,他们用辛劳与专业换得山河无恙、人民安康。奉献不问西东,担当不负使命,在最紧要的关头,在最危险的地方,榜样的力量更加震撼人心。广大青少年应该从他们身上看到、学到中华民族抗击灾难时不屈不挠、守望相助的精神。

---

① 习近平:青年要自觉践行社会主义核心价值观——在北京大学师生座谈会上的讲话.新华网. http://www.xinhuanet.com/politics/2014-05/05/c_1110528066_2.htm

祖国是人民最坚实的依靠，英雄是民族最闪亮的记号。这套由多位专家学者编撰的"给孩子读的'中国榜样'故事"丛书，介绍了钱学森、竺可桢、钱伟长、华罗庚、钱三强、苏步青、李四光、童第周、陈景润、邓稼先等科学先驱的事迹。这些科学家学习成绩优异，大多有海外留学经历，其卓越成就获得了国际学术界的广泛认可。以他们当时的实力，足以在国外过上衣食无忧的生活，然而，他们每一个人都深知，科学无国界，科学家有祖国。钱学森说："我的事业在中国，我的成就在中国，我的归宿在中国。"李四光说："我是炎黄子孙，理所当然地要把所学到的知识，全部奉献给我亲爱的祖国。"邓稼先说："假如生命终结后可以再生，那么，我仍选择中国，选择核事业。"他们不惜牺牲个人利益，远跨重洋回到生活与科研均"一穷二白"的祖国，以毕生的热血为建设新中国做出了巨大的贡献。

八十多年前，鲁迅先生在《中国人失掉自信力了吗》一文中发声："我们从古以来，就有埋头苦干的人，有拼命硬干的人，有为民请命的人，有舍身求法的人……"历史的风雨、生活的磨难，阻挡不了这些人前行的脚步。正是这些人扛起了中华民族伟大复兴的重任，他们无愧为"中国的脊梁"。有人不禁要问，今天的青少年长大后，还能不能前仆后继地埋头苦干、拼命硬干、为民请命、舍身求法呢？今天的青少年可能要问，这些科学家这样"自讨苦吃"是为了什么？我想，这个问题用诗人艾青的一句诗来作答最适合不过："为什么我的眼里常含泪水？因为我对这土地爱得深沉……"

要回答今天的青少年还能不能前仆后继的问题，我想起了梁启超先生一百多年前的期许——"少年智则国智，少年强则国强"。毋庸置疑，今天，中国的青少年正在走向中华民族伟大复兴的未来，他们的脊梁是否挺拔，他们的智慧是否卓越，他们的信念是否坚定，都关乎国家、民族的未来。

榜样是一种动力，榜样是一面旗帜，榜样是一座灯塔，可以为当代青少年引领方向，指导他们奋勇前行。这套"给孩子读的'中国榜样'故事"丛书的出版初衷，就是希望青少年以老一辈科学家为榜样，学习他们胸怀祖国、服务人民的爱国精神，勇攀高峰、敢为人先的创新精神，追求真理、严谨治学的求实精神，淡泊名利、潜心研究的奉献精神，集智攻关、团结协作的协同精神，甘为人梯、奖掖后学的育人精神，将这些可贵的品质内化吸收为个人的精神财富与进取动力，做有理想、有本领、有担当的新时代青年。

祝亲爱的青少年读者朋友们皆能志存高远，前途无量，放飞人生梦想。

中国传记文学学会会长　王丽博士

## 编者序

## 实干以兴邦,榜样代代传

实干以兴邦,榜样代代传——正是在这种力量的感召下,无数先贤志士前仆后继,"为天地立心,为生民立命,为往圣继绝学,为万世开太平",以中华之崛起为己任而一往无前,使中国五千年的文明得到延续,中华民族屹立于世界强国之林。习近平总书记曾经指出:"一切为中华民族掌握自己命运、开创国家发展新路的人们,都是民族英雄,都是国家荣光。中国人民将永远铭记他们建立的不朽功勋。"这些英雄榜样是中华民族的脊梁,正是他们艰苦卓绝的奋斗,让中华民族从百余年前的羸弱中站了起来。

改革开放40多年来,在各种思想文化相互碰撞和价值取向多元化的情况下,青少年的思想观念、道德标准、价值取向、行为方式等都呈现出新的特点,既有积极的一面,也有消极的一面。对于青少年来说,他们正处于长身体、长知识和世界观形成的重要时期,兴趣广泛、模仿性强、可塑性大,各方面都还不成熟。复杂的社会生活环境中存在着许多不利于他们健康成长的因素,导致他们在思想上产生了种种困惑。如何对他们进行正确的教育引导,成为当今社会普遍关心的一个问题。

党的十八大以来,以习近平同志为核心的党中央高度重视青少年的思想政治教育。习近平总书记在许多场合对加强青少年思想政治教育发表了一系列重要讲话,内容涵盖立德树人、社会主义核心价值观的培育和践行、以文化人、以文育人、教育合力构建、加强党的领导等诸多方面。这些重要论述充分体现了以习近平同志为核心的党中央对青少年成长成才的亲切关怀和殷切期待,立意高远,思想深邃,形成了内涵丰富的思想政治教育理论体系,为提升青少年思想政治教育科学化水平指明了方向,提供了依据。

在对青少年的教育中,榜样的力量是无穷的。榜样是一桅风帆,帮助我们乘风破浪,驶向成功的彼岸;榜样是一盏明灯,驱走我们心中的黑暗,照亮未来之路;榜样是一面镜子,促使我们审视自身的不足,凝聚奋发向上的力量；榜样是一个指南针，引领我们找到正确的方向，从此不再迷茫。"历史烛照时代，榜样传承精神"，伟大的时代呼唤伟大的精神，崇高的事业需要榜样的引领。

为了帮助青少年向榜样看齐，向使命聚焦，汲取榜样"内在的力量"，感受其家国情怀以及进取奉献的优秀品质和崇高精神，我们编写了"给孩子读的'中国榜样'故事"丛书，选取了10位富有时代特色的榜样人物，他们是：中国航天事业的开创者钱学森、把一生献给了核事业的邓稼先、与原子共传奇的钱三强、中国近代力学的奠基人钱伟长、中国地质力学的创始人李四光、中国"问天第一人"竺可桢、为数学而生的大师华罗庚、站在数学之巅的奇人陈景润、中国克隆先驱童第周、东方第一几何学家苏步青。

这些榜样人物为我国的社会主义建设和国防安全，在各自的领域不畏艰难、开拓创新，做出了卓越的贡献，其伟大事迹彪炳人间。他们不忘初心、淡泊名利、甘为人梯、谦逊朴实、不计个人得失的崇高品质，体现了他们对祖国和人民的无限忠诚，以及对理想信念的执着追求，对青少年具有很强的感召力和教育作用。我们相信，本丛书不仅能够成为青少年喜爱的课外读物，也会是学校、家庭和有关部门对青少年进行人生观、价值观和思想品德教育的好帮手。

在编写的过程中，我们采访了10位科学家生前的同事与部分后人，查阅了大量与他们相关的书籍、访谈录、手札和本人的著作等，从中撷取了一些鲜为人知的故事，将一个个平凡而伟大的生活画面，以精彩曲折、质朴平实的文字呈现出来，使他们的高尚品德与人格魅力跃然纸上，让青少年读者产生心灵的震撼，在感同身受中对老一辈科学家可歌可敬、感人肺腑、催人泪下的动人事迹产生深切的敬意。相信他们会乐于以这些伟大的科学家为榜样，努力学习，刻苦钻研，立志掌握更多的科学文化知识，为国家的强盛、人民的幸福奉献自己的青春和热血。

# 目 录
## Contents

第一章　勤学志气高　　　　　　　　1

　　1. 诗书传家育良才　　　　　　2
　　2. 勤学自勉水穿石　　　　　　9
　　3. 效实中学的"倒数第一"　　14
　　4. 成功出自勤奋　　　　　　20
　　5. "猫鼠实验"的启蒙　　　　26

第二章　异国显锋芒　　　　　　　33

　　1. 公务员"转行"当科学家　34
　　2. 爱情的丰收　　　　　　　38
　　3. "赌气"出国留学　　　　45

4. 遇贵人拜名师　　　　　　　　　　51
5. 在实验中脱颖而出　　　　　　　　57
6. 爱国无罪　　　　　　　　　　　　61
7. "我的祖国需要我"　　　　　　　　70

**第三章　心怀报国梦　　　　　　　　　75**

1. 与山东大学共命运　　　　　　　　76
2. 从中央大学医学院到同济大学　　　86
3. 举债购置显微镜　　　　　　　　　91
4. 与李约瑟的缘分　　　　　　　　　98
5. 在复旦的浮沉　　　　　　　　　　102
6. 与"三青团"的两次交锋　　　　　107
7. 声援学生运动　　　　　　　　　　112
8. 赴美考察迎曙光　　　　　　　　　120

**第四章　甘当"拓荒牛"**　　　　　　　　**125**

　　1. 欣欣向荣的生物学　　　　　　126

　　2. "被迫"上任的副校长　　　　　134

　　3. 筚路蓝缕启山林　　　　　　　138

　　4. 四国渔业会议的小插曲　　　　147

　　5. 遗传学界的"百家争鸣"　　　149

　　6. 逆境不忘科研　　　　　　　　155

　　7. 一波三折的科研合作　　　　　162


**第五章　奋斗不容间**　　　　　　　　**173**

　　1. "童鱼"降世　　　　　　　　174

　　2. 科研人员的良师益友　　　　　182

　　3. 实事求是的践行者　　　　　　193

| | |
|---|---|
| 4. 献身科研，壮心不已 | 197 |
| 5. 出公忘私的老科学家 | 202 |
| 6. 永不停息地探索 | 212 |
| **附录　童第周大事年表** | 222 |
| **后记** | 227 |

# 第一章　勤学志气高

童第周出身贫寒,但祖辈十分重视教育,家风纯良,兄弟间团结友爱,互相帮扶。良好的家庭氛围使他从小就志向高远,而优秀的文化传承则注定了他一生的不凡。

## 1. 诗书传家育良才

　　浙江位于我国东海之滨，自古以来就以山水秀丽、园林典雅而闻名于天下。在这风景如画的地方，其中有一处山水环绕的鱼米之乡——宁波。而距离宁波不远的鄞县（今鄞州区）东乡有一个山清水秀的小山村，名叫童家岙（今宁波市鄞州区塘溪镇童村）。村子周围有连绵的山峦：南面是赤堇山，这里平均海拔500多米，相传为春秋时的铸剑鼻祖欧冶子铸剑的地方；北面是太白山，传说太白山中住着太白金星；而村西的梅岭则是西汉梅子真隐居的地方。这里的每座山都有属于自己的动人传说。除此以外，还有扁担岗、蒲鞋山、笠帽峰、菩提岭……这些小山坡名字生动形象，群山绿意盎然。

　　童村的由来要从一千多年前说起。唐德宗贞元年间，童第周的先祖童晏为了躲避战乱，带着三子童森从嘉兴乔迁至此，并开始一代一代地在此处繁衍生息，由此有了童村。北宋庆历年间，王安石出任鄞县县令，政教并施，创办县学，通过建学、择师改变了鄞县的学术风气，这里开始重视文化教育，仕进的观念在童村人心里根深蒂固。

据统计，从宋至清的数百年间，鄞县出了举人数千人，进士千人，状元数人。而离童家岙不远的东钱湖畔有一户史姓人家，在南宋时期，光这户人家就出了72位进士，3位宰相，还有2位被朝廷封王，不可不谓之荣耀至极。

1902年5月28日，童第周就出生在这钟灵毓秀、世代书香的地方。童氏家族的先祖曾在朝中为官，虽然不甚显赫，但也深受儒家思想的影响，童氏的辈分都是按"诗、书"以及"甲、第、中、和"来排序，房号按"温、良、恭、俭、让"来命名，家学渊源绵延深厚。只是根据童氏宗谱的记载，到童第周的太祖这一辈，家道中落。童第周的曾祖父童诗绪、祖父童书礼都没有考中秀才，不过两人都先后捐了国学生，以延续知书达礼的家风。

童第周的曾祖父童诗绪虽然是个农民，但他天资聪颖，精于用纽扣做计算。他的曾祖母贤惠勤劳，持家有道，靠养猪来贴补家用。渐渐地，童家积累了一点家底，后来又有了自己的土地，家境逐渐殷实起来。

到了童第周的祖父童书礼这一代，共有5个兄弟，成家后分别为温房、良房、恭房、俭房、让房。童第周的祖父是兄弟中最小的一个，也就是让房。当时是曾祖母当家，她特别钟爱小儿子,所以童书礼成家后,分得的家产颇为优厚。

童书礼最先育有两个女儿,中年后才喜得爱子,也就是童第周的父亲童兆甲。童书礼对这个独子寄予厚望,一心想把他培养成才,光耀门楣。所以,他下决心要让童兆甲接受良好的教育,不再像自己那样只是捐一个国学生的虚衔。

为了凑足学费,童书礼变卖了家里的一些土地,亲自将儿子送到100多里外的县城去上学。任何时期土地都是农民的命脉,身处封建社会的童书礼,作为农民,能做出卖地的举动实属不易。也因此,童兆甲成了第一个走出山村到县城求学的人,后来有了名号"如祥"。

童兆甲读书用功,且聪慧过人,在乡试时一举考中秀才,让童书礼甚感欣慰。遗憾的是,童兆甲体弱多病,童书礼见儿子身体不太好,决定让他早些成家,以绵延子嗣。

童兆甲娶妻后,共育有五男三女。童第周在兄弟姐妹中排行第七,上有3个哥哥、3个姐姐。童第周出生时,由童书礼给他取名,祖父觉得儿孙安康就是最大的福气,他说:"孩子长大成人不容易,要叫他既好学,又平安,样样都周全。"童第周排"第"字辈,于是便有了这个寄托祖辈希望的名字——童第周。

再后来因童书礼年迈,童兆甲需要在家赡养父母,学业不得不中断。而此时正值清朝末期,各类学塾在鄞县一带渐渐兴起,童家又一直重视耕读家风,族规中也有"田家有子皆习书,仕儒无人不识麻"一条,因此童兆甲非常支持教育。他为不能继续读书、进一步考取功名而遗憾,但又不想浪费了自己肚里的学问,于是很早就有了兴办学堂的志向。现在趁着家族教育之风盛行,他便在童家岙创办了第一家私塾——文昌阁,立志发展村里的教育,教化乡邻,造福后代。

童兆甲品行端正,平日不喜多言,他传道授业,严慈相济,对学生要求严格,注重言传身教;他思想开明,仁德持重。文昌阁除了招收村里的适学孩童外,也接收邻近的村子如童夏家、周岙、白岩头的幼童读书,甚至减免贫困生的学费,赢得了乡人的尊重,乡人们因此称童兆甲为"如祥先生"。知识改变命运,事实证明,童兆甲的这一决定,对童家岙的影响深远。如今的童家岙已经成为遐迩闻名的"教授村",涌现出数十位名教授和高级工程师。

童兆甲身为私塾先生,相继为5个儿子开蒙。在他的影响下,童第周兄弟5人都爱读书、勤动笔。除童第周这位著名的生物学家外,其他4个兄弟也都个个争气:长子童第锦,字葵孙,继承父亲遗志,在文昌阁的基础上创办了冠山小学,后又当选县参议员;次子童第德,字藻孙,考入北京大学,后成为古典文学研究专家,曾任中华书局编审,著有《韩集校诠》等书;三子童第谷,字芗孙,毕业于复旦大学政法系,曾任国民政府农民银行办公室主任;

五子童第肃，字庄孙，毕业于浙江大学土木工程系，是水利工程专家，曾担任新中国治理淮河的总工程师。

童家兄弟之所以个个都能成才，除了他们自身的努力外，还得益于兄弟间的互相帮扶，尤其是大哥童第锦的无私奉献，为4个弟弟做了良好的表率。

童兆甲在世时，长子童第锦便继承了家中产业，一边务农，一边在私塾当先生，教村里的学童念书识字。长兄如父，童第锦对待弟弟们尽心尽力，毫无怨言。老二童第德年幼时跌断腿，从此落下了瘸腿的毛病，因此体质羸弱，无法务农。但他天资过人，记忆力强，父亲童兆甲决定让他读书，将他送到宁波省立第四师范学校念书，并希望他毕业后到邻近的咸祥球山书院（今咸祥镇中心小学）教书，帮助大哥补贴家用。但童第德在城里接受了现代教育后，求知欲更加强烈，对父亲表达了想要报考北京大学的意愿。

童兆甲反复考虑这个问题，首先家里负担较重，且北京路途遥远，花费不菲；况且大儿子童第锦连中学也没有念，一直在家务农教书，还要替父母分担养育责任、照看兄弟姐妹，如果让二儿子继续上大学，对大儿子来说似乎不大公平。但童第德读书的愿望非常强烈，多次哀求他，童兆甲只好和长子童第锦商量。没想到童第锦不仅不生气，还劝慰父亲："藻孙读大学是好事，如果学有所成，将来社会地位也不一样，还能赚更多的钱，这对全家都有好处。"童兆甲很是器重长子,见他态度宽和且说得在理,便像当年自己的父亲那样,忍痛卖掉 20 亩水稻田,供童第德读大学。他相信长子的话,也信奉"学而优则仕"的士人传统,但很可惜还没等童第德完成大学学业,童兆甲就过世了。但经过这件事,老二童第德把大哥对自己的无私恩情深深铭记在心里。

由于父亲很早过世,童第锦义无反顾地承担起教育弟妹和管理整个家庭的责任,兄弟五人,老大、老二基本是由童兆甲出资上学,到老三、老四、老五上学的时候,童第德受到大哥的影响,大学毕业参加工作后,也担负起了养育弟弟的重任。于是兄弟间采取接力的办法,由已经学成的兄长资助年幼的弟弟上学。童家子弟恪守祖训族规,勤俭节约,兄友弟恭,把省吃俭用下的钱用来供兄弟读书,而且真心实意,毫无怨言,即使兄长成家后,这一家风仍被传承了下来,这也是童氏家族兴旺的原因之一。

说起童第周的大哥童第锦,在当地可以说是位无人不知的人物。务农是一把好手,教书办学也有一套,不但很有经济头脑,而且能管人理事,在乡民间威望很高。哪一村发生民事纠纷,哪一村有宗族械斗,经童第锦出面,往往都能妥善解决。后来,因为弟弟童第德文采斐然,又有"奉化庄和滕,鄞县童藻孙"的美誉,当上了国民政府交通部一省厅级官员的秘书,童第锦的威望更高了,被村民们推选为县参议员。

童第锦还很有正义感，也坚守底线原则，对阿谀奉承的社会风气向来痛恨，长期警醒自己要做到"出淤泥而不染"。据说，有一次宁波公署专员俞济民下乡，其他村庄都组织学生列队欢迎。乡长通知童第锦提前做好准备，但他却不以为然，反而安排学生去出操。乡长因此十分难堪，无法向俞济民交代，只得尽力遮掩："专员大人，您这次从奉化走菩提岭过来，葵孙先生不知情，以为您从黄泥岭而来，所以没有到这里来迎接您。"童第锦知道此事后，毫不领情，认为乡长的解释多此一举。

不仅如此，童第锦很早就意识到保护生态环境的重要性。开办冠山小学期间，每当梅黄桃红的时候，他都自己掏钱买一些回来，分给学生吃，还嘱咐学生把果核丢到童村几条小溪旁的石坎洞缝里，然后封上泥土。到第二年，小溪两旁便长出一棵棵梅树和桃树的嫩苗，经过几年的种植培育，整个山村在春天便有了桃红梅绿的胜景。这般美景，让童第周直感叹家乡是"桃花源"。

童第周十分尊敬和佩服大哥，大哥严谨的立身处世之风深深地影响着他，对他日后在复杂的政治环境中，不阿谀奉承、不攀附权贵、一心搞科研的坚定信念，提供了源源不断的思想能量。而二哥童第德推崇乡贤王阳明的哲学思想，将王阳明"知行合一""知行并进"的思想以及"格物""致知"的做事原则教给童第周，这也影响了童第周以后的科研生涯。在生物学研究中，他主张学习基础理论和科研实验一起抓，知识要学好，但是实验也不可偏废，这一切与二哥童第德对他的教育也是分不开的。

## 2. 勤学自勉水穿石

1908年，童第周6岁，父亲童兆甲看他已经到了上学的年纪，先让他学习程逢原的《性理字训》，待识字数达到一定数量后，便试着让他读朱熹的《小学》，再大一些时，便教他读四书五经。这一教育流程是按照"程氏教育计划"进行的，这份计划注重程序及基本功，讲究的是循序渐进，并重视"温故"及考试，在当时是非常先进的一套教育方法。除此之外，童兆甲还特别重视宁波当地名贤、名著的教育，经常让子女学习《三字经》《传习录》等。同时，楚辞汉赋、唐诗宋词、韩愈散文等也是他列出的必读书目。这些虽然只是启蒙教育，但是对童第周及其兄弟的一生都产生了深远的影响。童第周通过这些学习诗词功底非常扎实，不仅能写格律诗，也会写自由体诗。这些在他后来的日常生活和科研工作中可见一斑，他常常有感而发，赋诗言志，并将作品发表到《诗刊》等刊物上。

童兆甲去私塾授课时经常带着童第周。他在台上讲课，童第周在底下不吵不闹，安静地坐着听；他写字时，童第周就趴在桌子边上,出神地看。童兆甲总在写字时语气轻缓地说:"小孩子爱读书,也要养成爱清洁的好习惯。纸张来之不易,你学写字时,不要把它们弄脏,也不要弄皱。"这时,童第周总是用稚嫩的童音回应:"我听阿爹的话,我要读书,我要写字。"

童第周第一次写字,由于不会握毛笔,不小心把墨沾到了手上。他怕把纸弄脏,连连叫父亲给他洗手。学会了正确的握笔姿势后,他每天都坚持写几张大字,不仅写得工工整整,而且纸上干干净净。

幼年的童第周好奇心旺盛,总是爱问"为什么"。他弄不懂鱼是怎么生出来的,就用锋利的竹片剖开鱼肚,想看个究竟。但是,他在鱼腹中怎么也找不到小鱼,却发现里面有个白色气囊,他很奇怪鱼肚子里怎么会有气囊。此后,他就和小伙伴们乐此不疲地把各种鱼抓来,并用竹片剖开它们的肚子,取出里面的气囊玩。

从鱼腹中取气囊要特别留神,因为它的表皮极薄,而且和鱼内脏连在一起,不小心的话就会把气囊戳破漏气。每当要解剖鱼肚的时候,便是童第周大显身手的时候。他用锋利的竹片轻轻地将鱼肚划开,然后用两个小手指顺势在鱼肚里一钩,一只白色气囊就被完整地取出来了。然后,在小伙伴们的注视下,童第周把它放在平整的石块上,抬脚用力一踩,气囊发出"砰"的一声。围在一旁的伙伴们当即兴奋地跳起来拍手,并欢呼道:"放炮仗啦!放炮

## 第一章　勤学志气高

仗啦!"

童第周的家乡宁波是一座历史悠久的港口城市,第一次鸦片战争失败后,清政府被迫与英国签订《南京条约》,其中有一条是规定"五口通商",宁波即在此列。随着英国人的大量涌入,西方文化对古老的中华文明形成强烈的冲击,西方教育也传入中国,对在宁波县城接受过传统教育的童兆甲产生了较大影响。经过初步了解、吸收,他不仅把启发式教育带进私塾,也带到家庭教育中。

童第周的故居是一座典型的南方民居,依地势而建。庭院中间是一个5平方米的天井,当地俗称"道地",由鹅卵石铺成,周围是用方正狭长的青石砌成的石阶沿。

一天,童第周在阶沿上玩"跳房子"游戏,突然石板上整整齐齐排列的一行手指头大的小坑吸引了他。这是谁凿的呢?凿这一排小坑有什么用?爱思考的小童第周对这排小坑充满了好奇,他把父亲从屋里拉出来,问父亲这排小坑是怎么弄的,为什么大小一样,而且这样整齐。父亲一看,笑道:"孩子,这些坑不是人凿的,是檐头水滴出来的!"

小童第周惊奇极了,瞪大眼睛,歪着小脑袋,说:"阿爹骗人!檐头水那么轻,它怎么会在这么硬的石板上滴出坑来呢?"父亲蹲下来耐心解释道:"这不是一滴水滴出来的,是无数水滴常年累月滴出来的,它们不但能滴出坑来,时间再长一些还能把石板滴穿呢。这就是我们常说的'滴水穿石'呀!"看着似懂非懂的小童第周,父亲继续引导,"你以后也要学这些水滴,持之以恒地做事,这样才会有出息。"

懵懂的童第周为了证实父亲的话,后来每当下雨的时候,他便坐在门槛上,目不转睛地盯着雨水,看它们怎样一滴一滴地在石板上滴出小坑,久而久之他便明白了父亲的话。

农家孩子到了八九岁时,便要开始帮家里做一些农活,童第周也不例外。放牛、挖番薯等农活他都做得非常熟练,而且非常勤快。等到他十来岁,因为家中开销较大,他只能白天帮家里干农活,晚上再读书。

因为忙于干活,学习总是时断时续。尤其是到了农忙季节,读书时间更是少得可怜。他逐渐失去了学习的兴趣,对父亲说:"阿爹,我现在只靠睡前时间学习,学不了多少知识,还是不学了吧!"童兆甲对于童第周有这样的想法很是理解,但还是劝导他:"蔚孙,还记得你小时候在檐下问过我,又轻又小的檐头水为什么能把石板滴穿吗?那个时候一下雨,你就坐在门槛上盯着那些小坑看。你若能在学习上保持一颗恒心,那就如檐头水一般,久而久之定能学有所成啊。"

父亲的一番话使童第周彻底理解了滴水穿石的道理。随后,父亲挥笔写下"滴水穿石"四个大字赠给他作座右铭,并满怀期望地鼓励他要把它时刻谨记心中。此后,童第周一边干农活，一边坚持不懈地学习，凭着自身努力打下了坚实的文化基础。

1916年，童兆甲因病去世。家庭的重担一下子全部压在长子童第锦的肩上，他实在没有能力送四弟去上"洋学堂"。因此，童第周只能一边在大哥的指导下继续自学文化课，一边代替父亲做私塾教师，人称"小先生"。但童第周对"洋学堂"的向往是不言而喻的，每到寒暑假，村里那些在宁波上学的学生放假回来，他总是凑上前去，向他们打听"洋学堂"的事情，各种闻所未闻的新鲜事让他对这些学生羡慕不已。他的问题无所不包，比如学校里有几个班级、每个班级都学些什么、功课难不难、老师好不好，等等。夜里做梦，他也经常梦到在"洋学堂"上学的情景。

斗转星移，在二哥童第德从北京大学毕业后，童第周终于等来了上学的机会。经老师推荐，童第德到宁波一所中学教书，赴任前他特地回家探望亲人。他了解童第周，知道自己的四弟一直很喜欢读书，便向大哥提出带童第周到宁波去上学的建议。童第周开心极了，他终于不用再在梦中上"洋学堂"了。他兴奋雀跃地拉着童第德的手说，他也要像二哥那样，将来成为一个有学问、有价值的人。童第锦本来就因无法供四弟上学而愧疚难当，如今二弟童第德学成归来，积极回馈家庭，他听了二弟的想法非常欣慰。这一切得益于父亲的教导，父亲曾对他们耳提面命，说一家人最难得的就是患难与共、团结和睦。二弟学业有成，四弟有书可读，这使童第锦觉得自己所有的付出和艰辛都无足轻重了。

全家人经过讨论后，决定送童第周去读宁波第四师范学校。那里免费提供食宿，童第周若在那里就读，既可以减轻家中的负担，毕业后还能自食其力，当教书先生。

## 3. 效实中学的"倒数第一"

1918年8月底，童第周告别朝夕相处的家人和朋友，跟随二哥童第德来到古老与现代碰撞着的县城宁波，进入宁波第四师范学校预科班学习。

在"洋学堂"学习的时间转眼即逝。到暑假的时候，童第周回到家里，在家人关切的问询下，他犹疑地把成绩单递给大哥。童第锦接过成绩单，仔细看了一遍，眉头不由得皱了起来，因为他发现童第周的数学成绩不是很好。童第锦也知道偏科不能怪童第周，他只跟着自己上过几年私塾，其间从未接触过数学，而且成绩单上其他科目的成绩尚好，足见他并未荒废学业。于是，他勉励了童第周一番，希望四弟继续努力，将来毕业后报效乡里，回乡办一所现代化的小学。

根据当时的规定，童第周从师范学校毕业后只能分配去做小学老师。童第周一向尊敬大哥，视长兄如父，但在宁波接受了一年现代教育后，他的眼界开阔了，既看到中华传统文化的博大精深，又看到现代科学世界的浩瀚无垠。到第二学年期末，童第周的成绩已经相当不错了，尤其是数学进步飞快。此时的他已经不满足于在师范学校的学习，他的心已经飞出师范学校，向更广阔的天地飞去。

这时，他脑子里蹦出一个大胆的想法——报考效实中学。他的这个想法多少受到兄长们成长轨迹的影响，他的二哥、三哥都是从师范学校毕业的，但他们没有循规蹈矩地回到村里做老师，而是打破常规，勇敢追求自己向往的学业。据童第周后来回忆起这段时间的自己，说："当时是心比天高啊。"

效实中学是一所私立学校，由宁波的一众爱国人士和文化名流，如陈训正、何育杰、叶秉良、钱保杭等人创办于1912年。"效实"之名，出自严复所译《天演论》中的"物竞天择，效实储能"，取"责效于实，期在可行"的意思。在效实中学，除了中国历史、国文课程，其他科目都用英文课本和英语讲授，并且中学课程的教学要求比当时教育部规定的更高。从1917年起，效实中学还与复旦大学、圣约翰大学等知名大学订立合约，凡从效实中学毕业的学生，入学时可免试保送。因此，效实中学当时在浙江省的名气很大，当地有地位、有财力的人家都以送自己的孩子上效实中学为荣，学费自然也出奇的高。

童第周虽然有意转学,但面前困难重重。当时师范学校规定,若学生中途退学,必须补缴学习期间免交的学费和食宿费。童第周在师范学校学习了两年,总费用不少,这对童家来说是个沉重的负担。他思前想后,终于鼓足勇气直接找到孙绍康校长,郑重其事地说明自己的志向,希望能得到孙校长的理解和支持。他的真挚和勇气打动了孙校长,经过商议,学校同意他无须补缴所有费用。

放假回家后,童第周谨慎地向大哥吐露了自己的想法。童第锦显然没有想到弟弟会提出这样的要求,显得十分惊讶。效实中学是全省著名的好学校,四弟虽然成绩不错,但基础不扎实,贸然转学未免太过于心高气傲。而且听说效实中学多数课程是英文教学,四弟的英文底子那么薄,能跟上效实中学的教学吗?童第锦把内心的疑问和盘托出,希望四弟能审慎处之,但童第周毫不气馁,他语气坚定地说:"大哥,你放心,我一定能考上效实中学!"

童第锦见四弟早已下定决心,便不再相劝,只是提醒他:"蔚孙,听说效实中学除了历史和国文是用国语教学,其他课程全部采用英语讲课,你没有英语基础,能行吗?"

童第周胸有成竹地说:"大哥,这个我心里有数,从一年前准备报考效实中学起,我就开始自学英文。暑假两个月的时间,我抓紧时间备考,一定能一举拿下这次考试。"

童第锦见弟弟一副不达目的誓不罢休的样子,决定让弟弟试一试，并问他有没有需要家里帮忙的地方。童第周回答："大哥，我只有一个要求。"

"你说吧，什么要求？"童第锦问道。

"我考上了效实中学的话，希望家里供我念到毕业。"童第周充满期待地看着童第锦说。

"好，我答应你，你安心准备考试吧。"童第锦略微迟疑后，点头应道。

得到大哥的支持，童第周极其高兴，他回到书房铆足了劲开始学习。身后的墙上挂着当年童兆甲为他亲题的牌匾，上书"滴水穿石"四个大字。每日抬头看到这四个字，童第周报考效实中学的决心更加坚定了。整个暑假，在全家人的支持下，童第周废寝忘食，几乎所有的时间都待在书房里。为了让四儿子有安静的学习环境，童第周的母亲一改多年喜动不喜静的习惯，每天一早起来就搬个凳子坐在书房门口，防止其他人闯入她新设立的"禁区"，默默地为儿子创造一方宁静的学习天地。

就在考试前不久，发生了一件小插曲。出于对四弟童第周的关怀，童第锦不久前给一个宁波的朋友写信，托对方打听效实中学的招生情况。如今他终于收到回信，却因信得知：效实中学今年不招新生，只招三年级插班生。这个突然的消息让童第锦一筹莫展，左右为难。他料知这个消息对童第周来说无疑是一盆冷水当头泼下。他拿着信来到童第周的房门外，望着弟弟苦读的身影，无奈地来回踱了许久后，才沉重地迈进房门。童第周见大哥愁眉紧锁，料知一定是有棘手的事情，忙站起身来让座。

"蔚孙，前日我托一个宁波好友打听效实中学今年的招生情形，刚才收到他的来信。信上说，效实中学今年不招生了，这可如何是好？"童第锦艰难地把事情告知童第周，并关切地观察弟弟的反应。

"大哥，三年级的插班生也不招了吗？"童第周着急地问道。

"招的，招的！"童第锦赶忙回答道，"但那又有什么用？"他先是不解地看着童第周，后又恍然大悟地说："蔚孙，你早就知道三年级招收插班生的消息？"

"我之前听同学说的。"童第周冲大哥狡黠一笑。

童第锦略有所思地问道："这些天你一直在准备插班生的考试？"

"是的！"童第周的回答很干脆。

童第锦悬着的心终于落了下来，他在四弟身上看到一些过去从未发现的亮点，他的聪颖和志向远超自己。眼看几个弟弟逐渐长大成人，不再需要自己事事操心，他的心里无比欣慰。想到这里，童第锦心里畅快了许多，他笑着对童第周说："很好，你努力试一试吧！"

随着暑假结束，考试的日子也近到眼前。由于离家远，且乘船误点，当童第周赶到效实中学时，考试早已结束。童第周焦急万分，不由得慌乱起来。他责怪自己没有再早一些出门，辜负了全家人对他的期望。不过，幸好他的二哥童第德这个学期被调到效实中学教书。在童第德的解释沟通下，经学校的同意，童第周顺利补考了英文、数学和语文。成绩出来后，陈校长对童第德说："你弟弟的英文不行，语文差强人意，只有数学还不错，只答错了一道题。先让他来上学吧。"

就这样，童第周凭借拔尖的数学成绩，于1920年9月顺利进入效实中学，成了效实中学有史以来第一个没有上过初中和高中而直接考取高中三年级插班生的学生。但是，因为他基础薄弱，偏科严重，所以当年的考试成绩毫无疑问停在倒数第一的位置。

童第周刚上效实中学时已经年满18岁，年龄比同班同学大出一截；又因为家境贫寒，他经常穿着土布衣，与学校里许多富贵人家的孩子形成了鲜明的对比；而且成绩是倒数第一，刚入学的童第周经常畏畏缩缩地坐在教室最后一排。一时间，他成了学校里的"话题人物"，很多同学都对他冷嘲热讽，流言蜚语源源不断地进入他的耳中，被人笑称为"牛尾巴上的苍蝇"早晚是要被甩掉的。更有甚者，拿童第周打赌，说他一学期下来就会被留级或者退学。尽管童第周假装不在意别人异样的眼光，但各种各样的议论还是伤害了他的自尊心。"你们看我不起，我偏要学出点成绩来，让你们瞧瞧！"

## 4. 成功出自勤奋

为了争一口气，童第周在效实中学出入最多的地方就是学校的图书馆。学校的图书馆宽敞明亮，窗明几净，而且藏书丰富，古今中外的各种名著数不胜数。在图书馆苦读的童第周明白，眼下自己的任务绝不是沉浸在知识的海洋里自由阅读，而是要规划目标，坚持不懈地努力，最后迎头赶上。

当然，要摆脱掉倒数第一，光靠死读书是远远不够的，童第周从小在父亲和大哥的私塾里读书，学的都是语文知识，并且偏重于古文，最薄弱的学科就是英语、数学、物理和化学这些新兴学科，而效实中学对这几科要求非常严格。在这样的情况下，想在效实中学众多学生中脱颖而出，对于当时的童第周来说简直是天方夜谭。童第周入学的时候，代数这门课已经讲了一大半，童第周落后了一大截。最难克服的是，学校用的教材都是英文教材，授课老师也用英语教学。童第周的英文听说能力很弱，常常是快下课了，他还不知道老师这节课讲了哪些内容。授课老师无奈，只好预留作业让他回去自学，但是到第二天提问时，他还是答不上来或者答非所问。这一学期，童第周日夜苦读，但最终还是没能摆脱倒数第一的位置。所有科目，除国文

## 第一章　勤学志气高

外都没有到及格分数,这样的成绩按照学校规定,不是留级就是退学。

在同学眼里,他这个"牛尾巴上的苍蝇"快要被甩下来了。童第周捏着自己的成绩单,盯着上面可怜的分数,伤心地抽泣起来。他忘不掉刚接到效实中学的录取通知书时,全家人是多么欢快,大哥拿着录取通知书对着先父的牌位叩拜,母亲还熬夜给他缝制出一身土布新衣服。他忘不了入学那天,大哥翻山越岭走了几十里路把他送到学校门口,一脸期望地看着他走进校门。他忘不了二哥每个月省出大部分薪水,全家人节衣缩食,只是为了替他交上昂贵的学费……他的脑海中闪现着各种温情的片段,让他不由得一阵懊恼:"考得这么差,怎么对得起无私支持我的亲人!我不信我就比别人笨,我发誓要超过别人!我不比任何人差!"

他去恳求陈夏常校长给自己一个机会,但是陈校长说:"童第周,你的基础实在是太差了,读三年级太困难,还是留一级吧。或者你怕被人嘲笑,我也可以把你转到其他学校。"

童第周苦苦恳求道:"校长,让我再努力一个学期。如果下个学期还不及格,我就主动离校。"

陈校长被童第周的真诚和决心感动,便勉强同意让他再读一个学期,并下了最后通牒:"下学期如果还是不及格,只能退学,不能留级。"童第周重重地点了点头。从校长办公室出来后,他暗自咬紧牙关,他相信只要勤奋刻苦、持之以恒地学习,滴水总会穿石,下个学期,他不但要及格,还要超过其他同学。

新的学期,童第周更加忘我地埋头学习。其他同学的言语间依旧对他充满奚落和嘲讽,他们时刻关注着童第周的一举一动,然后背地里当作"新闻"在校园里传播。开学伊始的几天,每晚熄灯后,童第周的床上都是空空如也,同宿舍的同学捕捉不到他的行踪,开始多方揣测起来。

一天晚上,寝室熄灯后,同学们照例躺在床上交换"新闻"。等其他人说完准备入睡时,有个同学忽然极其神秘地说:"我跟你们说一条'独家新闻',童第周不见啦!"此话一出口,其他同学立马困意全无。

"不可能,我刚刚还在图书馆看见他了呢!"一个同学不相信,驳斥道。

"那么现在呢?图书馆早就关门了,你在宿舍看见他了吗?""独家新闻"发布者继续补充道,"实话跟你们说,我已经观察童第周好几天啦!每天晚上童第周都会消失一段时间,想必是和某个女同学坠入爱河啦!"

其他人无可辩驳,也附和着议论起来:"想不到这个乡巴佬学习学不进去,找女朋友倒是快啊。"

这次交换"新闻"后,童第周的这一异常表现不但惊动了全班,而且在校园里飞快地传开了。这件事也传到了教代数的蔡曾祜老师耳中。他为人正直,做事严谨,绝不允许自己班上的学生有这种轻薄举动,并认为这是有损效实中学声誉的不良行为。但童第周看上去憨厚老实,平日里勤奋用功,谨言慎行,看起来并不像是浮夸浪荡的人。他想了想,决定弄清真相后再向校长报告。

一天晚上,蔡老师办完事情后回到学校已经很晚了。他走在路上,隐约看见前面的路灯下蹲着一个人。他开始以为是小偷,心中一紧,悄悄地走近后才发现那个人原来是童第周。童第周也被突然的动静吓了一跳,他猛地抬头一看,看清来人是蔡老师后,忙站起来行礼。不待蔡老师询问,他便恭恭敬敬地解释:"蔡先生,请您原谅。我的成绩太差了,可是又想继续在效实中学念书,所以只能抓紧时间把功课赶上去,我不想再考倒数第一了。"

蔡老师听了童第周的话感到非常内疚,这才明白童第周晚上"失踪"的原因,他差点错怪了一个刻苦学习的学生。他虽不忍打扰童第周学习,但还是亲切地拍着童第周的肩膀说:"童第周,好好学习的前提是必须有健康的身体,夜深了,快回去休息吧!"童第周顺从地向蔡老师点点头,收起书本,低头离开了。但他没有回去休息,而是走到另一盏路灯下继续学习。蔡老师见状,心里暗自感动:这个学生如此认真刻苦,将来一定大有作为。他由衷地佩服童第周的坚韧,也没有再劝童第周去休息,只是默默离开了。

第二天上数学课前,平日里沉稳严谨的蔡老师情绪有些激动地说:"同学们,在没有调查清楚事情的真相之前,我们不应该靠猜测妄下结论,更不能用流言去中伤别人。我今天负责任地告诉大家,童第周是一个勤奋好学的好学生!我们都应该向他学习。最近关于他的风言风语很多,让我来告诉你们我亲眼看见的真实情况吧。昨晚熄灯后一直到半夜,童第周都在校园的路灯下专心致志地演算数学题。他这种勤奋刻苦的精神,值得同学们效仿学习!"

说到这里,蔡老师噙着泪水,动情地说:"不错,童第周是插班生,而且曾是全班成绩最差的一位同学,但是衡量一个人的知识和能力,不能通过一次考试分数就随意评判,而是看他如何在人生路上奋发进取!"

台下鸦雀无声,蔡老师说得掷地有声,饱含热情,这番意味深长的话深深地印在了学生们的心里。随后,在蔡老师的建议下,童第周被破例允许在教室里延长夜自习。

有志者,事竟成。童第周的进步越发明显,他逐渐能听懂老师的授课内容,还能在课堂上用英语准确地回答老师的提问,课后作业也能保质保量地完成。

转眼又到了期末考试,经过蔡老师一番真切的话语,之前讥笑童第周的同学们都转变了自己的看法。他们不忍心看到童第周退学,全都暗暗祝福他能考出好成绩。特别是考数学的那天,蔡老师坐立难安,期待着童第周的考试结果。他相信童第周平时刻苦用功学习,应该很容易及格,但蔡老师更希望童第周能考出优异的成绩,不用再为退学

## 第一章 勤学志气高

烦恼。

考试完毕，蔡老师收起考卷，几乎是一路小跑地赶回办公室。不等坐下来，他便急忙找出童第周的试卷仔细批阅。一道一道批下去，直至最后一题，结果全部正确，毫厘不差。他激动地拍手叫好，连连赞叹。激动过后，又把每一道题认真检查了一遍，确认全都正确无误后，在试卷上批了一个大大的满分。

这次期末考试的成绩一经公布，童第周再次吸引了全校的目光，他的平均成绩在70分以上，由以前的倒数第一到现在名列前茅。经过这次考试，蔡老师对童第周更加看重，他在课堂上向全班同学坦言："我曾向校长提议，童第周的基础太差，一学期不会有明显提高，应该让童第周留级。但现在，我要去向校长提一个新的建议，那就是以后那些期末成绩不及格，但像童第周这样刻苦的同学，不要轻率地让他们留级。因为他们肯吃苦，有恒心，要相信总有一天他们会超越所有人！"坐在台下的童第周听到蔡老师的一席肺腑之言，既感动又感恩，在周围同学递来的钦佩目光中，他情不自禁地掩面抽泣起来。

蔡老师对童第周的影响是深远悠长的，直到晚年，童第周还言犹在耳地对蔡老师的女儿蔡文萦说："蔡先生不但数学教得好，他的英文底子也很好，批改数学试卷时，英文不对的地方都会一一改过来，把批注工工整整地批在学生的试卷上。这种认真的精神，让我非常敬佩。"

童第周读中学时,实行的是四年学制,因此到第四学年期末考试的时候,童第周两年来的努力终于有了回报,他的总成绩名列全班第一。对此,陈夏常校长无限感慨地对童第周的二哥童第德说:"我在学校工作多年,从来没有见过进步如此神速的学生!"而那些曾经讥笑童第周的同学,也对他充满敬佩之情。

后来,童第周深情地回忆当年的情景,说:"在效实(中学)的两个'第一',对我一生有很大影响。那件事使我知道自己并不比别人笨,别人能做到的,我经过努力也一定能做到。世界上没有天才,天才是用劳动换来的。"

## 5. "猫鼠实验"的启蒙

1922年7月,童第周凭借优异的成绩从效实中学毕业,并被保送到当时的名校圣约翰大学。在拿到保送名额的时候,童第周只想赶紧回家,好尽快把这件喜事告诉多年来支持他的亲人,尤其是大哥和母亲,让他们知道自己没有辜负他们的期望。

然而,当他兴冲冲地跨进家门时,家里的景象犹如一盆凉水将他浑身的热情一下全浇灭了。大哥童第锦脸色蜡黄,正虚弱地躺在床上呻吟。想到这些年来大哥心力交瘁,为了几个弟弟的前程,他独自撑起整个家庭,同时还要操

第一章　勤学志气高

办小学，好不容易有休息的时间，还要到处奔走，为乡邻调解事端……童第周泪如泉涌。这个时候，二哥童第德在城里教书，三哥童第谷在杭州读法律高等学校，小弟童第肃还在念私塾。现在，大哥累倒了，家中仿佛塌了半边天。村里的孩童无人教，家里的农活也无人照管，小弟的学费从哪里来……一个个难题摆在眼前，这让躺在病床上的大哥怎能安心静养？童第周的心隐隐作痛，他不得不面对家中现状。为了保证自己顺利读完中学，大哥、二哥已经做出很大的牺牲，如果自己抛下家中事务，跑到上海继续上大学，家里怎么办！但被保送到圣约翰大学是令同学们无比艳羡的好机会，借此到更广阔的天地里增长见识也实属难得，理应珍惜，可上学的种种费用从何而来？童第周陷入进退两难的境地，深切的痛苦撕扯着他的内心。

　　童第周把自己关在屋子里想了几天，思来想去，他明白一件事：自己已经20岁了，于情于理，都应该替大哥挑起家庭的重担。于是他做出艰难的决定——暂时不上大学了。他向大哥说明了自己的决定，童第锦听完他的话，很感激四弟的体谅。但这关乎四弟的前途，不能草率决定。为了慎重起见，童第锦叫来二弟童第德，兄弟俩协商后，认为眼下最迫切的问题就是要让冠山小学的孩子们有学可上，而童第周是最好的教学人选。于是他们决定暂时把家里的一切事务交给童第周管理。

　　就这样，童第周放弃了升学的机会。他白天代大哥到村里的学校教书，处理学校事务；下了学就到田里插秧，割稻，做农活。眼看着家里这些繁杂的活计被四弟打理得有条不紊，童第锦便放宽了心，安心静养了一年，病也渐渐好起来。彻底痊愈后，他不好意思再让四弟替自己操持事务，主动鼓励童第周再去拼搏一把，为自己的理想奋斗。

由于一年前主动放弃了从效实中学直接升入圣约翰大学的机会，童第周失去保送资格，只能重新报考大学。但考大学谈何容易，况且他这一年基本没有复习功课，而且离考试的日期越来越近，看书复习的时间十分有限，这无疑加大了考取难度。他先报考了北京大学和东南大学，但都一一落榜。童第锦和童第德也为四弟的考试而心焦，他们商量后，建议童第周到复旦大学做旁听生。

1924 年 7 月，童第周在复旦旁听了一年之后，如愿以偿地考入复旦大学，也就是在这里，他在科研道路上不断求索的征程被开启。

其实早在中学时代，童第周就在二哥童第德的影响下对哲学产生了浓厚的兴趣，热衷于研究各种哲学问题，尤其急于在哲学领域中探索生命的起源。于是进入复旦大学后，他选择了哲学系的心理学专业。

当时，复旦大学的代理校长是我国著名的心理学家郭任远。他一直致力于比较心理学的实验研究方向，并得出结论，认为一切行为皆由学习得来，反对在心理学界盛极一时的本能论。他还善于用实验观察的方法分析人和动物

## 第一章　勤学志气高

发生行为的反应单位，为此开拓出一个实验的发生心理学学科。

郭任远最著名的就是"猫鼠实验"，通过这个实验，他有力地推翻了"动物本能说"，在学术界成为一名有造诣的、声名显赫的专家。

一天，童第周正要去图书馆学习，路上听到了两位同学的谈话。只听一个同学说："听说郭校长做了一个'猫鼠同笼，大同世界'的实验，专门研究猫和老鼠的行为，今天下午他作报告，说不定就是讲这方面的知识呢！"

把猫、鼠这对天敌放在同一个笼子里，还能实现"大同世界"？童第周头一次听说这样有意思的实验课题，他果断取消了去图书馆看书的计划，决定到哲学系大讲堂听一听校长的演讲，解开这个谜团。

在这次演讲中，郭任远提到，为了证明猫不是天生就要捉老鼠的，他特意把猫的幼崽和老鼠幼崽关在一起，让它们从小就在一个空间里相处。当它们都长大后，就在猫鼠之间安个小电网，每当猫想侵犯老鼠时，一伸爪就会触电，于是立刻把爪子缩回去。一段时间后，拆除电网，猫再也不去侵犯老鼠，猫鼠之间又恢复了以前的和睦。这个实验足以证明，猫捉老鼠并不是猫与生俱来的本能，而是在后天的生存斗争环境中习得的结果。

这次演讲令童第周终身难忘，童第周以后还多次饶有兴致地谈起这个对他影响深远的演讲和实验。青年童第周也是从这次演讲中知道了，一切科学的问题都要用实验来证实，并且不能盲从他人的观点，只有通过反复的实验，才能对前人的观点做有力的继承或发展，形成属于自己的理论体系。"实验获真知"的理念让童第周甘于把自己的一生都与实验室联系在一起。

也是这次演讲，让童第周对科研产生了浓厚的兴趣。在学习心理学专业之余，他开始选修生理学的课程。在此期间，他还认识了自己一生敬重的两位生理学家——蔡翘教授和蔡堡教授。

蔡翘教授是我国生理科学的奠基人之一，也是著名的教育家。他早年就读于北京大学，曾赴美国留学，留学期间他率先发现一处大脑构造区域。为纪念他的贡献，国际神经解剖学界便以他的姓氏将该区域命名为"蔡氏区"。1925年归国后，蔡翘相继在复旦大学、中央大学任教，主要讲授生物学和生理学，并编写了我国第一本大学生物教材——《生理学》，他还于1938年倡议成立了中国生理学会成都分会。童第周有幸在他门下学习，得到他的指导。师生二人感情颇为笃厚，后来在北京共事，互有联络。蔡翘教授去世后，人们从他的遗物中发现了一张珍贵的照片，是他和5名复旦大学学生的合照，其中就有童第周。照片背后写有这5名学生送给恩师的一首诗：

## 第一章 勤学志气高

五十年前师生情，今日回忆倍觉亲。
泸地同窗共聚首，古稀年要鼓干劲。

——蔡老师、蔡师母留念
您的学生们：冯德培、徐丰彦、沈霁春、
童第周、朱鹤年敬赠

蔡堡教授也是我国著名的生物学家，他毕业于北京大学地质系，留美回国后，先后在复旦大学、中央大学、浙江大学任教。他在生物发生发展史和胚胎学方面颇有建树，其著作《东方蝾螈胚胎发育图谱》填补了我国有尾两栖类正常胚胎发育研究的空白。蔡堡教授治学严谨，学识渊博，是引导童第周向生理学专业深度钻研的一位好老师。每次上课，童第周不仅认真听讲，还向蔡堡教授请教许多不明白的问题。蔡堡很欣赏这个勤学好问的学生，经常指导他，并有意识地培养他独立思考和解决问题的能力。

在蔡堡的影响下，童第周渐渐对生理学产生了浓厚兴趣。一天中午，蔡堡正准备午睡，童第周突然来敲门，并非常抱歉地说："老师，打扰您休息了！这几天有个问题一直困扰着我，无论如何也想不通，只好来向您请教。"

蔡堡的诲人不倦是众人皆知的，他赶忙把童第周迎进室内，连声说："没关系，没关系！你有什么问题尽管问。"

童第周问道："我们研究生物的生理功能，可是在大自然中，各类生物是怎样繁衍的呢？比如说，人类是怎样演变的？蝙蝠又是怎样繁衍的?"

蔡堡听了童第周的问题，心中暗喜，引导着说："这个问题很简单嘛，人是由小孩长大的，蝙蝠是由小蝙蝠变来的。"

"那么，小孩又是从何而来的？小蝙蝠又是怎样形成的呢？"童第周继续追问。

蔡堡之所以暗喜，是因为童第周的这个问题已经触及了生理学的入门知识。通过思考，童第周已经逐步迈入生理学的知识领域。为了准确地解答童第周的疑惑，蔡堡向他简要叙述了生理学发展的历史。他告诉童第周，小孩和蝙蝠都是由胚胎发育而来。这个问题只有胚胎学的专业知识可以解答。这是童第周第一次听到胚胎学这个名词，这个神奇的学科让他顿时觉得自己要学习的知识数不胜数！蔡堡教授还跟他说，只研究生理学，无法精确了解生命的起源，如果要探索生物遗传的奥秘，就要学习和钻研胚胎学。蔡堡教授的一席教导，令童第周推开了胚胎学研究的大门，也为后来他选择一生追求的事业时奠定了关键的基础。

## 第二章 异国显锋芒

不甘人后的童第周,面对别人的质疑和嘲笑,带着师长的期望与嘱托,揣着爱妻的牵挂与思念,毅然踏上异域求学的道路。为了实现自己科学救国的愿望,维护中国人的尊严,他在异国他乡一心向学,排除万难,赢得了广泛的尊重。

## 1. 公务员"转行"当科学家

童第周在复旦大学就读时，正处于国共第一次合作期间，全国各界的爱国民主人士积极投身民主革命事业。打倒军阀，夺取北伐战争的胜利，是国人的共同信念。当时学校里有很多有名望的老师，如叶楚伧、邵力子、陈望道等，他们都有鲜明的政治思想和学术追求，并且深深影响了童第周。

在这样的背景下，出于救国救民的宏愿和热情，童第周经人介绍加入国民党。但好景不长，童第周加入不久，国民党反动派发动武装政变，先后制造了震惊中外的"四一二""七一五"反革命政变，共产党人惨遭屠戮，尸横遍野。童第周目睹血淋淋的事实，逐步看清了国民党反动派虚伪的本质，果断脱离了国民党。

其实早在1925年，上海发生"五卅惨案"时，童第周的政治抱负就开始觉醒,他与同学们一起走上街头示威抗议,险些被捕。后来,他还和朋友一起创办进步刊物,并且深入农村,宣传爱国思想。

1927年5月,因时局动荡,童第周从复旦大学毕业后,没有找到合适的工作,不得不先回到家乡待业。当时,童第周的三哥看四弟大学毕业在家赋闲,很是着急,便想办法托人给弟弟找工作。当时他正在宁波一家银行供职,认识一些政府部门的朋友,便托朋友向蒋介石的"领袖文胆"、时任浙江省政府秘书长的陈布雷请求帮忙。

陈布雷一向不愿接受请托,为此,童第谷的朋友亲自到杭州登门拜见陈布雷。但当陈布雷听说是为童第周谋职时,居然破例答应,当即写了一封推荐信,介绍童第周到南京北伐军司令部工作。原来,陈布雷的堂兄陈训正是效实中学的创建人之一,陈布雷也曾在效实中学教过书,听说过一些童第周在效实中学的事迹,对童第周印象颇佳。

1927年7月,童第周被授予中尉军衔,进入了北伐军政治部宣传处工作。刚接到聘请公函时,童第周心里五味杂陈,没想到寒窗苦读多年,好不容易毕业,却因时局动荡而无法从事热爱的科学事业。涉足军政界显然有违他的初衷,但念及自己早已成年,不能再增加兄长们的负担,每月60银元的工资足以补贴家用。面对不菲的俸禄,他只能暂且妥协。

假如童第周一直安分守己地干下去,很有可能在军界或政界谋得一官半职,而后娶妻生子,过上衣食无忧的稳定生活。然而,他的心思并不在升官发财上,通过多年的学习,他早已认定,眼下中国虽然落后贫弱,但国人爱国心切,在先进的思想和科学的指导下,国家总有一天会变得强大起来。当时正值汪、蒋宁汉分裂之际,军阀孙传芳又加紧攻打南京,国内的乱局让童第周颇为心寒,厌烦了政治生活。

就在童第周观望摇摆之际,9月份发生的一件事让他终于下定决心辞职。那天,他所在的宣传处要起草一份宣传材料,捏造谎言来毁谤其他政党。上级把这个任务交给童第周,但他拒绝写这种不实的文章,结果惹恼上级。在受到言语胁迫后,他毅然递交辞职信,径直回到老家。

对于童第周的辞职,二哥童第德起初听说后很为他丢掉工作惋惜,但获悉事情的经过后,想到童第周已长大成人,有自己的判断力,能够为自己的决定承担后果,便不再过多干涉。只是童第周外出求学多年,有文化、有阅历,一直赋闲在家不是长久之计,于是童第德又托人介绍他到杭州的桐庐县政府工作。

桐庐县政府共有三个科室,分别是总务科、财务科、建设科。童第周被委任建设科科长,其余两科的科长资历都比童第周要老。县长是个既迂腐又势利的老官僚,他见童第周一副涉世未深的模样,觉得他好欺负,就对他说:"我们这个县人少地少,经济落后,不可能支付太高的工资，每个月只能给你30元。"实际上，其他两个科长的月工资都是80多元，童第周的薪资只相当于一个科员的水平，其中的差额全让县长克扣了。由于初来乍到，人生地不熟，童第周对此懵然不知，等到发放工资时，他才知道自己被县长欺骗了。面对这样的轻侮和不公平待遇，他十分气愤，但又无可奈何，只能忍气吞声。

这一年，北伐战争取得胜利，北洋军阀混战的时代终于成为历史，国民党政府在各地举行庆祝活动。童第周因早已看透国民党政府的黑暗和腐败无能，无心参加这种活动。他厌倦了国民政府各级官员中流行的封建官僚作风，用人论资排辈，让一些有抱负、有才华的年轻人毫无出头之日。针对这种情况，他不平则鸣，专门写下一篇文章，号召年轻人要敢于和恶势力做斗争，要勇于改革，抛弃腐朽落后的观念。后来这篇文章被刊登在省里的报纸上，引起了很大的回响。

县长看到这篇文章后，对童第周的轻慢有所收敛，并有意拉拢他。此后，只要发生重大事情，县长必然来找他商量，请他帮忙出主意，还把他的工资增加到应有的水平上。但童第周始终无法适应政府的工作，他冷静地反躬自问：是否果真不适合走仕进之路？深思熟虑后，他确信此路不通。

这年秋天，童第周又准备辞职。但这次辞职，他不再像上次那样冲动，两份工作是二哥和三哥四处托人，好不容易办成的,如果贸然辞职,依旧待业在家,岂不是让他们伤心吗?于是,他写信给已调至中央大学生物系担任系主任的蔡堡教授,向他说明自己眼前的困境,重申希望继续从事生物科学研究的个人愿望。不久,蔡堡回信说他刚到该校工作,暂时没有合适的助手,童第周正好可以胜任。

中央大学的前身可追溯到清末的三江师范学堂,是民国时期的最高学府,设有理、工、医、农、文、法、师范7个学院,是当时系科设置最齐全、规模最大的大学。

童第周接到老师的信后内心十分雀跃,他终于可以告别官场的是非之地,走上学术研究之路了,而且这份工作也免除了兄长们的后顾之忧。一切安排妥当后,他正式递交了辞呈。1928年1月,童第周迎来人生的转折点,到中央大学担任助教,从此开始了在生物学领域的科研之路。

## 2. 爱情的丰收

童第周与妻子叶毓芬相识于1926年,当时叶毓芬还在宁波县立女子师范学校念书。这年暑假,童第周从复旦大学返回宁波,在一个中学老师的家里和她认识并结缘。

叶毓芬于1906年3月出生在宁波一个富商家庭。她的祖父靠经商发家致富,到她父亲这一辈,家中已有200多亩田产,还在上海开有店铺,家境富有。叶毓芬的母亲是继室，只生养了她一个女儿。她的父亲和原配妻子生有两男两女。

叶毓芬4岁时，父亲突然去世，因她的母亲是继室，按照封建社会的礼制，她的母亲不能抛头露面，只能由族叔代管对外事务。结果不到一年的时间，由于族叔的侵吞，家里的店铺很快倒闭了。叶毓芬的大哥又是一个爱赌博的纨绔子弟，她的母亲唯恐家产被败光后母女俩孤苦无助，于是提出分家。分家时大哥因为已经成家，所以分得了一份丰厚的家产，其他孩子各一小份。但是她的大哥贪得无厌，分家后仍挥霍无度，向叶毓芬母女索要钱财，就这样日复一日下去，家里的钱财几乎被消耗干净了。

到了8岁，母亲让她跟两个姐姐和小哥一起到峡江小学念书。但姐姐们经常欺侮她，母亲不愿受人指责，总是嘱咐叶毓芬让着她们，有时迫不得已就把她送到外婆家住一段时间。因此，她每年几乎有半年时间都在外婆家里度过，到了临近考试时再回来。这种情况一直维持到她的哥哥姐姐们成年，纷纷到上海谋出路时才结束。

叶毓芬从小聪明伶俐，学习也很努力，考试经常是第一名，深受老师喜欢。读完初级小学后，为了让女儿将来有立身的本事，母亲坚持让叶毓芬到学校补习班继续读书。叶毓芬乖巧听话，经常帮母亲写信记账，母亲很是宽慰。等到叶毓芬14岁时，母亲力排众议把她送到鄞县城内的育德小学读书。也就是这段时间，叶毓芬在学校里受教于许多思想进步、学识渊博的年轻老师。她经常听老师们讲一些政治时事，如日本强占胶州湾、袁世凯签订丧权辱国的条约等，这都大大激发了叶毓芬的爱国热情，她经常和同学们结伴到街头表演反日活报剧，还坚决抵制日货。

1922年冬天的一天，叶毓芬兴冲冲地拿着许多东西回家，向母亲一一展示。原来她从育德小学毕业了，并以第二名的好成绩获得了这些奖品。母亲欣喜之余，更下定决心要女儿继续求学，以把她培养成才。因为当时育德小学的老师大都从苏州师范或者杭州师范毕业，受到老师们的鼓舞，叶毓芬想报考苏州女中或杭州女中，但母亲不愿她一个人去远处求学，最终叶毓芬报考了鄞州县立女子师范学校预科，并顺利考取该校。

本以为母女二人的生活会这样一直平淡幸福地过下去，但叶毓芬入学不久，她的母亲便含恨离世。平日里相依为命的母女二人，如今只剩下孤苦弱女，今后的人生该怎么走，是否继续求学，生活怎样维持……一个个难题摆在叶毓芬面前，让她手足无措，她的精神也受到了巨大打击。福无双至，祸不单行，母亲过世没多久，她的兄嫂借口家中艰难，坚决不让她继续上学，还强行拿走了她母亲留下的贵重物品。经叶毓芬再三争取，才要回来一些不值钱的首饰。非但如此，他们还想让叶毓芬早早出嫁，经常找一些媒婆上门说亲，但都被叶毓芬严厉地打发回去了。

所幸叶毓芬的母亲有先见之明，生前就预料到自己百

## 第二章 异国显锋芒

年后女儿会受到哥哥的欺辱,便将自己数百元的私蓄交给了叶毓芬的姨妈代管。叶毓芬的姨父出身知识分子家庭,思想比较开明。他出面帮忙说情,使叶毓芬挣脱了封建家族的束缚。从叶家出来后,姨妈将她母亲的百元私蓄拿出来充作叶毓芬的读书费用,叶毓芬这才得以继续求学。

由于自小便饱受封建家庭的压迫,加上进步思想的熏陶,叶毓芬厌憎封建礼教,逐步养成了坚韧、敢于斗争的个性。1925年,震惊中外的"五卅惨案"发生后,叶毓芬和另一个同学被选为宁波市学生联合会代表。他们发动同学下乡宣传,募集声援经费,反对校长压制,坚持罢课长达两个星期。后来,校长下令开除为首学生的学籍。又是叶毓芬的姨父及时出面,加上他平日热心公益事业,在当地颇有声望,校长才勉强答应不开除叶毓芬,只记两次大过。

后来,母亲存在姨妈那里的私蓄花完了,叶毓芬想回家把分得的母亲的遗物变卖,但兄嫂声称那些遗物是留着给她办嫁妆的,坚决不许卖。叶毓芬再一次据理力争,最终卖了100多元,又通过姨妈的帮扶,顺利地在县立女子师范学校求学至毕业。

童第周与叶毓芬第一次见面便谈得十分投机,两人一见倾心。叶毓芬钦佩童第周的学识和为人,童第周也欣赏叶毓芬与封建家庭的抗争,认为她身上有可贵的韧性和魄力。对于叶毓芬在校期间参加的种种爱国运动,他也很是赞赏。后来，他们经常在宁波见面交流思想，感情也在不知不觉间加深。童第周到南京中央大学工作后，两人频频写信，互致问候，虽不常见面，感情不仅没有变淡，反而越加深厚。

在这期间，童第周常在信中鼓励和安慰叶毓芬，并寄给她许多宣传新思想的书刊，包括介绍马克思《资本论》和唯物论的小册子。但当时20岁出头的叶毓芬并不能完全读懂书中提到的那些进步理论，只好囫囵吞枣、不求甚解地一带而过。

后来，叶毓芬以第一名的成绩从宁波县立女子师范学校毕业，在镇海小港李家私立小学教了一年书，其间她一边教书一边准备报考大学。此时的叶毓芬已经到了适婚年龄，她的姨妈一直惦记外甥女的婚事。得知叶毓芬与童第周谈恋爱后，她建议他们先订婚。这时，童第周也已二十六七岁，于是两家决定按当地风俗，先订婚。但叶毓芬的兄嫂不同意这桩婚事，认为童家不富裕，没有什么家产，故意提出高额聘礼刁难童家。童第周与叶毓芬多方奔走说服，最后在叶毓芬姨父的协调下达成协议，由童家支付叶毓芬以后求学的费用。

1927年夏，叶毓芬决定去南京报考江苏大学。但到了南京，恰逢国民党的中央党务学校在南京招生，当时的叶毓芬并不区分什么政党，单纯地怀有一腔改良政治救国的热血，于是她毅然决定报考中央党务学校。但早已对国民党政府有所了解的童第周极力建议叶毓芬报考复旦大学，学习自然科学，走科学救国的道路。入世尚浅的叶毓芬没有听从童第周的建议，被中央党务学校录取，并满怀希望地加入了国民党。然而，她进校仅一个多月，军阀孙传芳便打回南京，学校只好停办。

　　无奈之下，叶毓芬又回到了宁波。因为她曾是中央党务学校的学员，通过朋友的推荐，她当上了国民党鄞县县党部妇女部部长。叶毓芬因亲身的经历，一直想为处于社会底层、备受压迫的中国妇女做些什么，她请求县党部拨出经费让她到农村去发展妇女解放运动。在波谲云诡的官场中，刚刚迈出校园的叶毓芬显得太过稚嫩，让县党部拨经费给她的想法太不现实。最后，她只能在办公室里做些无聊的工作。在县党部经历的一切和她的想象简直有着天壤之别，她的政治热情就这样被无情浇灭了，她深感失望，一个多月后，便决定辞职，后来和国民党也脱离了关系。

　　辞职后，叶毓芬想到了童第周之前对自己的劝解，自然科学的种子已然在她心中生了根发了芽，她便在万般苦恼中提笔给在中央大学任助教的童第周写去一封信，表白自己的懊恼和悔意。信中说：

蔚孙：

　　……

　　也许你的意见是对的，腐败了的政治拯救不了政治自身,更拯救不了我们苦难的民族!我已毅然离开了县党部那个可诅咒的地方,赋闲在家。何去何从,尚无法断言。早知如此,不若当初听从你的劝告,报考复旦,脚踏实地地学点自然科学,或许对国家有所裨益,至少也免去了许多无端的烦恼。时至今日,复旦考期已过,后悔莫及。如你能致信复旦师友,给我一个补试机会,我将立即赴考。

顺颂

祝安

毓芬

1927年10月5日

    童第周接到信后,很是兴奋,他为能与相爱的人共同行走在科学的道路上而欣慰。他放下信便迫不及待地去找恩师蔡堡教授。后来在蔡堡教授和一众师友的帮助下,叶毓芬得到一个补考的机会,并顺利考进复旦大学生物系。按照两家约定,童第周负担了她的读书费用,使她能在学校安心读书。从此,他们走上了同一条科学道路,后来成为事业与爱情双丰收的终身伴侣。

    1930年1月,童第周和叶毓芬在宁波举办婚礼。这场婚礼简单而朴素,只在一间简陋的屋子里招待亲朋好友,两人穿的也只是平常的衣服。婚后,他们的生活十分清贫,只靠童第周每月60元的工资来维持。在银行工作的三哥童第谷时不时地接济他们,使他们多少免除了一些经济上的困扰。此后,童第周勤奋工作,叶毓芬刻苦求学,两人举案齐眉,相知相携,在自然科学领域成为同路人。而生物学就像一条感情的纽带,把这对年轻的伴侣紧紧地联系在了一起,一生形影相随。

## 3."赌气"出国留学

童第周在中央大学担任助教后,给自己规划了未来的方向:一边做教学工作一边搞研究,一定要在中国生物学领域做出些成绩。然而,他很快就遇到一件令他极其愤慨的事情。

当时学校的科研大楼刚竣工,但由于仪器等问题还不能正常投入使用,学校决定把一部分空置的房间划给青年教师当住房。童第周接到通知后,便搬到科研大楼去住。当他满心欢喜地走进新竣工的科研大楼时,有人从后面喊住他:"喂,你站住!"童第周回头一看,原来是一位留洋归国、大腹便便的胖教授。胖教授虽然无礼,但出于尊敬,童第周还是站在了门口。

"你来科研楼干什么?"胖教授小跑着过来拦住童第周,还没有站稳就上气不接下气地冲童第周大喊,"你凭什么搬来?是谁让你搬进来的?"

童第周从容应答:"校长说科研人员可以搬到这里

来住。"

"唉，你们这些青年教师啊，没有什么学问，腿脚倒是挺快。我们留洋的教授还没住上新房子呢，倒便宜你们了！"胖教授既不屑又不满地看着童第周说。童第周像是被人迎面泼了一盆冷水，刚才的高兴劲儿荡然无存。他没有跟胖教授争辩，气愤地掉头而去。

从科研楼里走出来的童第周一边走一边想，越想越气愤："都说学问让人深沉，他怎能这样轻浮、随意地贬损侮辱人呢？喝了几天洋墨水就能在光天化日之下教训人吗？肚子里有没有学问暂且不论，那副洋洋自得的模样就让人不爽快，更何况是败絮其中的草包。怨不得许多外国学校歧视中国留学生，实在是良莠不齐之故。为了争今天这口气，但凡有机会，我必定出国学习，好好地长本事，将来让他们看看！"

童第周的这个念头，就像突然出现在铁轨上的一粒石子，让整列车改变了轨道，开始在另一条路上疾驰。童第周之所以选择出国留学，很重要的一个原因就是受到这件事的刺激。童第周出国留学的确是为了赌气，但表面上看只是他这个人意气，但实际上这股气是青年科学工作者的志气。

童第周在中央大学生物系工作了两年半，虽然一直受益于蔡堡教授的指导、培养和关心，但他始终忘不了刚来时被人嘲笑的情景。在他身边有许多留洋归来的博士，他们虽然出国"镀金"却碌碌无为，整天不思进取、贪图享乐，他对此现象颇有微词。同时，他也深深体会到，中国局势动荡，科学技术远落后于西方发达国家，生物学研究更是如此，只有奋发努力，加快步伐赶上去，中国才能渐图自强。因此，他一边加强学习，一边为出国留学做准备，决心做一个有气节、有作为的科学家。

自童第周和叶毓芬结婚后，两人感情不断升温。同时升温的还有南京的天气。转眼已是炎炎夏日，整个南京好像化成一个巨大的火炉，身在其中的人们难免烦躁。在中央大学校园的一角树荫里，童第周和叶毓芬坐在草地上，两人神情庄重，正在商量一件严肃的事情。童第周首先开口道："毓芬，我已经下定决心要去比利时留学，蔡堡先生也支持我去。"

"为什么要留学？"叶毓芬有些惊讶和不安，"在大学教书不好吗？出国留学去做什么呢？"

"其实，眼下我也没有确实的答案，也许是为了学习外国的先进知识，也许只是为了向人证明我并不比别人笨。"童第周略显忐忑地看着叶毓芬，接着说，"毓芬，请你务必要理解我。现在喝过'洋墨水'的人，一回国就都成了学者、教授，但这些人当中有真才实学的却屈指可数。我想出国学习一两年，真正学到一些知识，为我们的国家做些有益的工作。"

叶毓芬深深地理解丈夫在生物学研究方面有远大的抱

负,但面对生活的现实,她有些担忧地说:"蔚孙,我并不反对你出国,但是有些问题要仔细斟酌。比如经济问题,我们现在的日子并不宽裕……"

童第周也明白,这次出国留学比当年上效实中学遇到的困难更大,其中最大的难题是没有钱,一个靠教书糊口的助教要远涉重洋,谈何容易?但是,他一旦下定决心,就会想尽办法达到目的。他安慰叶毓芬说:"不要紧,我可以向三哥求助,他早就答应过要资助我出国。"

叶毓芬听童第周在这方面早有打算,便不再过于担心,但随即害羞地低下头,轻声说道:"我有一件事还没来得及跟你说,你快当爸爸了。"

"此话当真?"童第周高兴得从草地上蹦起来,"你应该早点告诉我的。"他激动地围着叶毓芬转了几圈后,又坐回叶毓芬身旁,待情绪稍缓后有些为难地说:"毓芬,你是个坚强的女子。留学一事,我心意已决,大丈夫志在四方。虽然无法亲眼见证我们孩子的降生,但等到他满周岁的时候,我一定从比利时寄回一身漂亮的衣服……"

这次谈话后,叶毓芬打消了顾虑,不再反对童第周留学,反而坚定地做起了他的后盾。

不久,童第周找到在银行工作的三哥童第谷商量留学之事。童第谷为四弟的前途考虑,决定支持他出国留学,向朋友借来1500块银元。不料,这笔钱还没交到童第周手上,借钱的人又要回去500块。这样一来,童第周出国就

## 第二章 异国显锋芒

只有1000块银元了。他先用这笔钱买了一张国际列车票，又做了两身衣服，一来二去钱就花掉了一半。

听说童第周仅凭500块银元就要出国留学，学校里的那些不学无术的博士们便冷嘲热讽起来。当初奚落过童第周的胖教授肩膀一耸，两手一摊，说："我看他这不是出洋，是'出洋相'！500块银元——这不过是我当年一个月的生活费！"

"童第周大概不知道，博士学位可不是用气吹起来的，那是用真金白银堆出来的！"有个热衷模仿外国人做派的归国博士附和道。

"告诉童第周，到了国外，看一眼就赶紧回来吧，而且千万不要在咖啡馆买咖啡喝，不然就没钱买回来的火车票啦……"那些正准备漂洋过海去"镀金"的富家子弟揶揄道。

童第周的一些亲戚朋友虽然也支持他出国，但大多劝他攒够了钱再去，但童第周决心已下："留学一事，宜早不宜迟。别人能去的地方我也能去，而且在那里，我一定会学得比他们好！"为了节省旅费，他打算从上海乘轮船到大连，然后从大连或沈阳坐火车经西伯利亚到莫斯科，再由莫斯科乘火车去布鲁塞尔。

1930年8月的一天，在上海外滩十六铺码头满是送别的人群里，童第周站在检票口外，依依不舍地对蔡堡教授说："蔡先生，感谢您专程来送我，船很快就要开了，您回去吧。"接着,他焦急地向远处张望,并自言自语地说:"毓芬怎么还没来?"

远远地,只见叶毓芬手里提着一个大包,穿过拥挤的人群,向客轮检票口跑来。原来,叶毓芬到商店里给童第周买路上用的东西去了。她跑得气喘吁吁,童第周见她手里拎了一个大包裹,赶忙上去接过来,并问道:"毓芬,你拿这么大一个包做什么?"叶毓芬喘匀了气后,笑着说:"这里面都是面包,船上的饭菜太贵,你的钱又不够,这一路上就用它对付吧。"

童第周感激地看着妻子。接着,叶毓芬又递给他一本《法语读本》,说:"比利时的官方语言是法语,这是我刚刚跑了几家书店,好不容易才买到的。你要尽快掌握它。"

童第周为妻子对自己心细如发的照顾感动了,他爽快地应道:"我一上船马上开始学习!"一应物品嘱咐妥帖之后,叶毓芬便开始安慰丈夫,让他放宽心:"蔚孙,你放心地去吧,在国外孤身一人,要照顾好自己。遇到困难就写信回来,我在国内替你想办法。但是,学习的事就要靠你自己了……"童第周把妻子的嘱咐一一记在心里。

告别的时间总是短暂的,两人还没多说几句,船就要开了,童第周只好登船。身后的叶毓芬不忘深情叮嘱:"蔚孙,到了比利时,一定要写信回来报平安……"

童第周是怎么样回答的,叶毓芬已无法听清,离别的痛苦已在轮船的启航鸣笛声中逐渐放大,送行的亲友们望着轮船消失在徐徐消散的烟雾中,都渐渐地散去了。叶毓芬噙着热泪望着远去的轮船,在码头上伫立良久,心中默默地为丈夫祝福,愿他学有所成,早日回国。

## 4. 遇贵人拜名师

  比利时首都布鲁塞尔既是一个科技发达的城市,也是19世纪欧洲共产主义运动的策源地之一,这座城市还保留着很多中世纪的建筑,1848年,马克思就是在布鲁塞尔市中心广场南侧的白天鹅厅起草了著名的《共产党宣言》。

  经过10多天的长途跋涉,童第周终于抵达比利时的首都布鲁塞尔。童第周惊诧于眼前美丽的景色,但他很快清醒过来,警告自己不能沉醉其中,因为他首先要找到落脚的地方。

  在前往布鲁塞尔的列车上,他碰到一个到比利时做合资矿产贸易的中国实业家,两人在旅途中相谈甚欢,相约结伴而行,童第周同时也希望这位旅伴能为初到比利时的自己提供一些帮助。与这位实业家合资的另一位比利时资本家就在布鲁塞尔,下车后,比利时资本家到车站迎接他们,并把他们带到一家高级宾馆,童第周听到昂贵的房价后便要告辞。实业家知道童第周经济拮据,很热情地邀他同住一晚。第二天,童第周不好再次麻烦这位旅伴,便一早向他告辞了。

童第周提着行李在布鲁塞尔的大街小巷间徘徊，想找一间便宜的屋子。可是，当时大部分欧洲人都认为中国人是留着长头发和长指甲，并且爱吃雏燕（他们认为燕窝就是雏燕）的残暴野蛮人。因此，一整天过去，他都没有找到合适的住所。许多房东不愿意租给中国人，愿意出租的一看童第周是中国人，就漫天要价。无奈之下，他只好找到一家廉价的旅馆先住下来。

窗外，夜色徐徐降临，华灯初上，街道上车水马龙，夜晚的布鲁塞尔就像五光十色的霓虹灯在不停地闪烁，变换着各种稀奇古怪的图案。比利时人穿着讲究，在琳琅满目的商店里惬意闲逛，在高档餐厅里同亲友谈笑风生……而初来布鲁塞尔的童第周为了节省费用，连晚饭都没有吃，与眼前的一切形成了鲜明的对比。到这里的第一天他就已经深切感受到，在资本主义社会，所有的繁华和胜景都与金钱紧紧连在一起，这里是富人的天堂、穷人的地狱。

接下来好几天，布鲁塞尔的街头都能看到一个瘦小的中国人拎着行李箱，到处敲门询问出租房屋的价格。一天，童第周来到一座房子前，这是他在这条街上所能询问的最后一座房子，经过接连的受挫，他已经不抱什么希望了。

童第周走上前去，轻轻叩了几下门，一位态度和蔼的女主人开门接待了他。这位女主人看上去约 40 岁，她礼貌地问："需要帮忙吗？你是从中国来的吗？"

## 第二章 异国显锋芒

童第周见这位女主人温和有礼，赶紧回答道："女士您好，我是一名中国人，想在您这里租一间价格便宜些的屋子。"

"这样的话，那请你住到我家里来吧。"女主人热情地说，接着把他领到一间简陋的屋子里。这是一间阁楼，地方窄小，只能勉强放下一张床和一张小书桌，但房租很便宜。这一间小屋对一直在街头游走、无所依靠的童第周来说，就是他在这个国家的天堂，在这样一个陌生的地方，他第一次有了归宿感。童第周充满感激地向女主人致谢。

童第周搬进去后，与女主人相处融洽。这位中年妇女是第二国际左派成员，且很有正义感，她的丈夫几年前已经去世，只有一个小表妹和她住在一起。女主人了解了童第周的境况后，对他很关照，主动给他介绍比利时的情况，帮他找补习法语的地方，自己也抽空帮他练习口语，一个月之后童第周就能用法语进行简单的交流了。

一天，女主人和童第周闲聊时得知这位来自中国的租客专攻生物学，就问他："童先生，你知道比京大学（今布鲁塞尔自由大学）的布拉舍教授吗？"

"不认识，除了您，我在这里没有认识的人。"童第周遗憾地回答。

"布拉舍教授也是我们第二国际的成员，他在生物学领域名声很大，是一位非常著名的胚胎学家。他很喜欢中国学生，你愿意去拜访他吗？"

"愿意，非常愿意！"童第周听了很兴奋，这可是一件求之不得的大好事。

"那好，我写封推荐信，你拿着去找他。"女主人热情地说。

第二天一早，童第周就带着推荐信出现在了比京大学的校门口。门卫态度无礼，问他："这位先生，这里是比京大学，你到这里来有什么事吗？"

"我来找布拉舍教授。"童第周礼貌地回答，见门卫没有反应，童第周以为他没有听清，便又大声说了一遍："我找布拉舍教授！"

其实门卫并非没有听清楚，只是他在打量眼前这个瘦小的亚洲人。平常同布拉舍教授来往的都是社会名流，怎么会有穿着如此穷酸的外国人呢？于是他不屑地问道："你找他有什么事？"

童第周似乎明白了门卫的想法，使劲扬了扬手中的推荐信："我必须当面跟他说！"

门卫看到童第周那从容不迫的神情，便没有再阻拦，只好让童第周在门口等着，他进去找布拉舍教授通报。

得到布拉舍教授的同意后，童第周进入比京大学。经过一番寻找，他站在布拉舍教授的办公室外。待到徐徐地舒了口气，整了整衣服后，他轻轻地叩响办公室门，得到回应后，他缓步走了进去。布拉舍教授乍看上去很像中国人，童第周觉得亲切，他自我介绍道："布拉舍先生，非常荣幸见到您。我是一个中国人,我的名字叫童第周。"

作为一个进步的社会党人,布拉舍教授思想开明,为人和善。之前他的好友、著名生物学家巴德荣教授门下曾有个名叫朱洗的中国留学生。朱洗在法国勤工俭学,考入法国蒙彼利埃大学生物系,在巴德荣教授的指导下进行卵细胞生理研究。他勤奋好学,又善于观察思考,深得巴德荣教授的欣赏。布拉舍经常听巴德荣教授说起朱洗,对中国留学生颇有好感。现在看到如此谦恭有礼的童第周,布拉舍发自内心地喜欢这个年轻人。他热情地招呼童第周坐下,问道:"童先生不远千里来到这里找我,是有事情需要我帮忙吗?"

童第周开门见山地说:"布拉舍先生,我想拜您为师,向您学习生物学。"

布拉舍听了很高兴,热情地伸出了手:"欢迎,热烈欢迎!中国人聪明能干,非常欢迎你来到我们的实验室。"

"真是太好了,那我什么时候开始学习呢?"童第周求知若渴,急忙问道。

"只要你有时间,任何时候都可以。"布拉舍爽快地说。

童第周为这突然而来的好运激动不已,第二天便早早来到布拉舍教授的实验室,并认识了布拉舍的助教达克。

布拉舍的工作着重于胚胎发育早期,研究卵子的对称面、极性以及胚胎定位等影响将来个体发育的内在因素。

他从整体、全局和大处着眼，研究个体发育与整个卵子物质分布的关系，而不是局限于某一器官或某一过程。在布拉舍的影响下，童第周的科学思想和研究对象从一开始就处在科学的高起点上，而不是拘泥于某个具体的环节。

因为童第周来自腐朽落后、民不聊生的旧中国，而实验室其他留学生都是来自世界各国的尖子生，所以他经常受到歧视："太不可思议了，中国人愚笨不堪，也配在这种高等级的实验室学习！"每当这种时候，童第周的民族自尊心都受到极大的伤害，他理直气壮地反驳道："中国人绝对不笨，我一定要证明给你们看，走着瞧！"

从此以后，童第周怀着科学救国的热忱，孜孜不倦地钻研学问，虚心向导师请教各种疑难问题。当别人休息娱乐时，他还在努力做实验，在实验室里一待就是十几个小时。他这种追求上进、不服输的拼搏精神得到布拉舍和达克的赞赏，他们对这个勤奋好学、有志气的中国人丝毫不吝溢美之词。

不久，布拉舍发现童第周异常节俭，就疑惑地问他："童，你来比利时留学有没有国家助学金？"

"留学是我自己的决定，没有经过官方批准，因此没有助学金。"童第周坦诚地说道。

"为什么不早说呢？我给你写封信，你拿着这封信可以领到助学金。"按照当时的惯例，像布拉舍这样有声望的教授，只要他给留学生本国政府写信，学生通常能够得到国家给予的助学金。

很快,布拉舍把信寄给中国文化基金会,但是当时中国正深陷中原大战,国民党地方实力派和中央互相削弱,消耗实力,国民政府内根本没有人理会这件事。因此,在比利时的第一年,童第周的生活基本是靠在国内发表文章得来的稿费及叶毓芬变卖首饰的钱来维持。虽然生活窘迫,但童第周的学习热情丝毫未减,他反而更加努力,很快成为实验室里最优秀的学生。

## 5. 在实验中脱颖而出

1931年春天,因布拉舍身患重病,达克升为教授后接管了实验室。一年后,布拉舍不幸去世,童第周失去了一位德高望重的良师益友,异常悲伤。

当时科研人员研究胚胎学,经常要做卵细胞膜的剥离手术。这年春天,达克教授着手做青蛙卵子的实验,需要把卵子外面的一层薄膜剥掉。这是一项难度很大的实验,青蛙卵子的直径只有1毫米左右,外面紧紧包着三层像蛋白一样的软膜,因为卵小膜薄,手术要在显微镜下进行。而青蛙卵子又圆又滑,力气稍大就会被夹碎,力气小了又会从镊子里滑走,所以尽管达克教授和实验室的工作人员多年来已做过几十次实验,但均未成功。实际情形往往是他们一剥开卵膜就把青蛙卵子也撕破了,屡屡挫败使他们几乎丧失了继续做下去的信心。

这天,达克教授做完实验后突然心血来潮,对童第周说:"童,你的手很灵巧,你愿意试试这个让人头疼的剥离实验吗?"

童第周爽快地答应下来。他走到一架解剖显微镜旁坐下,用镊子把一枚青蛙卵夹到玻璃盘中,然后用锡针在青蛙卵膜上刺了一个肉眼不可见的小洞,此时的卵膜像泄了气一样,立即瘪下来,变成扁圆形。这时,童第周用同样尖利的两把钢镊夹住卵膜的中央,小心地向两边一撕,卵膜便被干干净净地剥离下来。整个过程用了不到 5 分钟。

看着童第周如行云流水般的一套动作,达克教授激动得手舞足蹈,叫道:"童先生,你太了不起了!你战胜了我们所有人,我们的实验可以进行下去了!"

实验室的其他人闻声也好奇地凑过来,当他们看到显微镜下那个被剥离了卵膜的青蛙卵时,都激动地握着童第周的手说:"童先生,你到底用了什么魔法,一下子就能把这个小东西的衣服脱得干干净净?"

童第周转过身来,夹起一个青蛙卵,耐心讲解道:"其实很简单,只要卵内有压力,剥离就会很难;但先在卵膜上刺一个洞,卵内压力降低,剥离起来就简单了。"

达克教授欣喜不已,马上让童第周再做一遍给大家示范。第二次剥离实验仍然很成功,引得实验室的同事又是

## 第二章 异国显锋芒

一阵惊叹、鼓掌。达克教授兴奋地拉着童第周的手说："你们中国人真行！你应该受到大家的尊重。"

尽管对于童第周来说这项实验非常简单，但在当时的胚胎学界，恐怕对于其他人还是一个无法逾越的障碍。直到晚年，童第周仍对这件事记忆犹新。有一次，别人问他在旧中国有哪些事使他感到特别愤怒和痛苦，又有哪些事使他特别高兴。他激动地回答："在旧社会，使我愤怒和痛苦的事太多了，一时说不完。只有两件事，我一想起来就很高兴。一件是我在中学时，第一次取得100分。那件事使我知道，我并不比别人笨，别人能办到的事，我经过努力也能办到。另一件事就是我在比利时第一次完成剥除青蛙卵膜的手术。那件事使我相信，中国人也不比外国人笨，对于外国人来说很难的事情，我们却能做到。"

此后，实验室里每遇到比较棘手复杂的工作，如染色、论文中的实验插图等都由童第周负责，而他每次都能出色地完成任务。

夏天的时候，童第周与达克教授一同来到著名的科研中心——法国海滨实验室。这次他们要研究的是海鞘。海鞘中有一类叫玻璃海鞘，其卵子比青蛙卵子还要小很多，直径不到0.1毫米。而卵子本身与其围膜之间的空隙仅为0.01毫米。同青蛙卵子一样，要想顺利展开实验，必须先去膜才行，这两个微小的数字让许多生物学家望而却步，不过，它没有难倒童第周。他成功完成这项剥离实验，向外国人展示了他的细致、灵巧和谨慎，一时引起轰动。这一年，童第周经达克教授推荐，凭借优异的学习成绩和出色的工作能力，获得比利时奖学金。

1932年，童第周再次跟随达克教授来到法国海滨实验室，继续海鞘的实验工作。因为海鞘的卵细胞在受精过程中会发生不同程度的细胞质流动，然后细胞质会分化为不同的区域，如神经区、脊索区、外胚层区、中胚层区、内胚层区。大部分海鞘卵子的细胞质区域都有各自的颜色，美国生物学家康克林经过深入研究后，将这些不同颜色的区域称为胚因定位，这些区域内的物质则称为器官形成物质。但是，某些海鞘的卵子颜色较浅，所以这些区域的流动情况很难分辨和追踪。

为了更好地观察这些浅色海鞘卵子受精后各个区域的物质流动情况，童第周发明了活体染色法，他将这些浅色海鞘受精卵的部分分裂球染上不同的颜色，以此追踪每个区域的物质在发育过程中的去向。运用这一简便直观的方法，他得到明确的实验结果：浅色海鞘卵子的物质分布与有色卵子的分布情况基本一致。童第周设计的这个实验方法受到生物学界的一致称赞，被选入当年举办的成果展览会。

法国海滨实验室设备先进，实验条件优良，世界各地有很多科学家慕名而来，因此每年的成果展览上总会涌现出许多新的科研成果。这一年，英国著名科学家李约瑟博士也来到这里参观。他在展览会上看到童第周的成果后甚为震惊，忙向工作人员打听："这位童第周先生是哪里的教授？"

"不，他不是教授，他只是比利时比京大学达克先生的助手。"

"那我可以见见他吗？"李约瑟真诚地问。

"恐怕不行，他已经和达克先生回布鲁塞尔了。"

李约瑟十分遗憾，感叹自己与这个有才华的中国学者擦肩而过。

在比利时的4年，童第周每次拿出自己的研究成果时，总要向达克教授请教。他发表的多篇论文都是他自己提出研究题目并单独完成实验。这些成果在欧洲学术界产生了相当大的影响。即便声名逐渐远播，童第周依然勤奋踏实，孜孜不倦地钻研探索。达克教授曾经评价说，在他的实验室中，只有他的助教和童第周两人有独立思考、独立提出问题、独立完成工作的能力。这无异于是对童第周科研能力的极高评价。

## 6. 爱国无罪

童第周在比利时进修的时候，日军发动了"九一八事变"，占领了东北全境。祖国疆土遭受铁蹄蹂躏，中国人在国外也饱受欺辱。童第周在国外积极开展科学研究之余，还踊跃投身于爱国斗争中。

当时童第周的房东家里还租住着一个叫皮诺的白俄罗斯人,他来比利时进修经济学。此时,他已经留学3年,结果却连一篇论文也写不出来,可以说是个一事无成的人。就是这样一个人,也时常对童第周颐指气使。

一天,无所事事的皮诺懒散地靠在躺椅上,腿放在桌子上高高地翘着,看起来活像一只等待解剖的青蛙。他一看见童第周就大放厥词:"中国人真是太笨了,在经济学方面毫无作为,哪里能和我们比呀!"

童第周一向对他敬而远之,今天他却把宽容当放纵地嚣张起来,童第周十分气愤,立即回击道:"不管你刚才说了什么,我警告你,以后不要诬蔑我们中国人!"

皮诺见童第周反驳自己,越发来劲:"你在这里神气什么?你们的东北还不是轻易地就让日本人占了,你有什么了不起?"

童第周不由得怒火中烧:"我有什么了不起?我是学生物的,你是学经济的,你已经学了3年,至今拿不出一篇论文。咱们可以打个赌,我从明天开始转学经济学,我们分别代表自己的国家,看谁先拿出论文,谁先获得博士学位!你可以看看我到底有什么了不起,怎么样?你敢不敢跟我打这个赌?"

女主人见他们争吵不休,赶忙过来劝解,她批评皮诺说:"你来比利时3年,至今连便条都不会写,人家童先生刚来没多久就已经在刊物上发表大文章了,你要有自知之明啊，怎么能和人家比？"被击中了软肋的皮诺再也没有勇气争辩下去，只好起身，垂头丧气地离开了。

还有一次，童第周到一家理发馆去理发。有几个比利时人看见进门的是中国人，就拐弯抹角地说了一些"中国人是劣等人种，愚蠢颟顸""中国贫穷落后，快要消失了"之类侮辱性的话语。童第周始终坚信祖国的尊严不可侮辱，于是激愤地回击道："各位先生，请问你们去过中国吗？见过中国是什么样子吗？凭什么这样侮辱中国人！"

一个陪同太太来剪头发的中年男子不以为然地说道："报纸上都是这么说的。"

童第周把脸迅速地转向他，说道："你们的报纸都收了日本人的黑钱，甘愿为日本人驱使，现在他们侵略中国，当然要用谎言粉饰自己，只有诋毁中国才会达到他们的目的！"紧接着，童第周又举例道，"我在中国的时候，听说你们欧洲的人都很坏，一个女人同时和好几个男人交往，还说你们比利时连面包都吃不起。那么实际上呢？你的太太有几个男朋友？你的妈妈又有几个男朋友？你们现在吃不起面包吗？"在场的人都指着那位中年男子哈哈大笑，童第周便顺势说道，"所以说，没有亲眼看见就不要随便相信报纸上的话。"中年男子见没捞到便宜，就带着太太悻悻地离开了。而在场的比利时人觉得童第周有礼有节，不卑不亢，于是转变了对他的态度。

类似这样的事情，对于当时身在异国的中国人来说，十分常见。有一次，童第周与两个同学相约去滑铁卢看壁画，坐小电车返回。他们上车较早，车上有很多空位，于是三个人就坐下来。后来上车的乘客越来越多，车厢里也越来越拥挤。有几个比利时人上来后，发现没有地方可坐，其中一个高个子便向童第周走过来，并拍了拍童第周的肩膀，傲慢地说："喂，中国人，你站起来！"

"为什么要我站起来？"童第周没有起身，反问道。

"因为这位先生没有座位！"高个子立马换了一副嘴脸，恭敬地指向自己身后的一个人。高个子指的这个人是一个手拿文明棍、夹着公文包的矮胖子，看高个子的态度，应该是个稍有身份的人。童第周看向他，他投来的是同样傲慢的目光。

高个子见童第周丝毫没有让座的意思，又大声呵道："中国人，你站起来！把座位让给这位先生！"

童第周猛然起身，高个子以为童第周妥协了，便得意地笑起来，恭敬地把矮胖子护送到座位边上。

这时，童第周伸手拦住他，说："先生，请等一下！不管怎么说，我们不远万里来到你们国家，应该算是你们的客人，于情于理都应该是你们为我们让座。"他盯着高个子的眼睛继续说，"我可以让出这个座位给任何需要的人，不过，请问为什么我必须把座位让给他呢？"

高个子吃了一惊，显然童第周的这个问题让他措手不及。这个时候，站在旁边的矮胖子清了清嗓子，不耐烦地用法语说:"你们中国人把整个东北都白送给日本人了,反倒来我们国家逞强占座位,真是没出息!"童第周感觉自己受到了莫大的侮辱。对于一个身在异国的爱国者,没有什么比自己的祖国无端受辱更能激起内心的怒火!他顿时火冒三丈,对着矮胖子大喝道:"不准你胡说八道!你凭什么说中国人没出息?"

矮胖子被童第周突然的厉喝吓得全身抖了一下。他没想到这个瘦弱的中国人竟会在公开场合如此据理力争,他佯装镇定地挥了挥手里的报纸说:"报纸上说的,没看见吗?"他指着报纸上的一幅漫画说,"你看,报纸上画得清清楚楚,你们中国人正向日本人下跪磕头呢!"矮胖子一边说,一边就要坐到童第周的位子上。

童第周一把推开他,愤怒地说:"报纸上这样说,就一定是真的吗?你们的报纸拿了日本人的钱,日本人叫它咬谁就咬谁!"童第周的暴怒让矮胖子十分震惊,车厢里的人都被这场争论吸引了。

童第周见围观的人越来越多,便抓住机会,提高嗓门说道:"先生们,这位先生说,我们中国人跪着把东三省送给日本人,这完全是对中国人的污蔑!我们的同胞正在浴血奋战,总有一天,我们会把侵略者赶出去!"

周围鸦雀无声,只听见"咔嚓"一声,童第周顺着声音望过去,看见有个人正拿照相机对着自己。他冷笑一声说:"尽情地照吧,先生,但是不要忘了写上我是中国人!

我要说，你们这样侮辱中国是毫无根据的！这位先生以为中国人可以随便侮辱，因此便想把我的座位夺过去，结果碰了钉子，这就是自取其辱！""哈哈……"车厢里看热闹的人爆发了一阵响亮的笑声。

回到住处后，童第周将在电车上的经历告诉了女房东。女房东拍手叫好，说："吵得好！这样的人真是败类，把比利时人的脸都丢尽了。下次如果再遇到这样的事，你可以按铃报警，车子就会停下来，让司机警告他们不要无理取闹。"女房东的仗义执言让童第周内心一阵温暖，也让他知道不是所有人都抱有狭隘的种族主义偏见。

几天后，童第周痔疮发作，不得不住院治疗。他躺在病床上，无聊之余，顺手拿起桌上的一份比利时报纸，发现这份报纸的报道无所不用其极地抹黑、丑化中国人。他气愤难平，当即强烈要求出院。出院后，他找到住在附近的一个中国留学生，商讨如何向比利时当局提出抗议。他们讨论了几种方案，最后决定由童第周起草一封给中国留学生的公开信，并把信投放进一些中国留学生住房的信箱内。

收到信的中国留学生纷纷响应，第二天便按信中的约定来到一家咖啡馆的地下室会合。大家决定组织中国学生会，并分工做示威游行的准备工作。为了扩大影响力，童第周又和其他同学分别到另外几个城市去发动联络中国学生。他们很快就组成了中国留学生总会，童第周被推选为总会的负责人。

　　之后，童第周白天照常到实验室做实验，晚上一回到住处就埋头起草、刻印传单，准备游行工作。童第周不是一个仅凭爱国热血就蛮干的人，长期严谨的科研思维让他凡事都考虑得细致周到。游行示威活动既要揭露日本侵略者的罪行，还必须确保游行者的人身安全。于是，在做准备工作的时候，童第周去请教了法律系的老师，并告知他："发传单、喊口号都没有问题，但不能出现'打倒'之类的词语。"童第周把这些注意事项都记在心里，这也保证了此次游行的合法性。

　　那段时间，他的房间经常通宵亮着灯，而且总是人来人往。每个中国留学生心中都有一股冲劲，这股劲头不断地生长，终于在游行当天爆发了。留学生们走上街头，秩序井然地来到日本驻比利时大使馆的门前。

　　同学们情绪激昂，高喊游行口号"日本侵略者滚出中国""世界人民制止日本帝国主义的侵略行径"，并不断地把连日来准备的传单发放给行人。

　　日本大使馆见势立马紧关大门，并要求比利时警方出面制止中国学生的示威游行。童第周等领头的5人发现形势不妙，立即走进附近的咖啡馆磋商应对办法。这时，警察包围了游行队伍，并不由分说地抓捕童第周等人，把他们关进拘留所。

　　童第周在拘留所面对审讯，大声回应："你不用问了，传单、口号、学生会都是我组织的，抗议示威游行也是我领头的，我认为没有任何错误，也没有扰乱社会治安，这完全是正义行动！难道在你们比利时警察眼里，污蔑中国才是'正义'？容忍侵略者的罪行，才是遵守你们的治安守则？"

童第周的一连串质问让警察无法回答，他自感颜面受损，恼羞成怒地嚷道："哼！你别神气，等着被起诉吧！"不久，警察局以"扰乱社会治安"的罪名起诉了童第周等5名中国留学生。在法院审讯时，一位律师从地方法律角度为游行学生辩护，一位义务律师从道义上为学生们进行辩护。两位律师都认为中国留学生没有扰乱社会治安，只是一种正当的抗议行为。

"法官先生，我为你们这种不公道的审判感到羞愧！"义务律师站起来义正言辞地说道，"日本人侵占了他们的国土，蹂躏他们的家乡，许许多多的中国人民无家可归，他们在比利时为同胞游行有什么罪？假如别国占领了比利时，难道比利时人连在别国游行的权利也没有了吗？"

法官听了虽然很不愉快，但也无言以对。而法庭上的中国留学生听了却异常感动，尤其是来自东北地区的留学生。

"学生们虽然在日本大使馆门前抗议日本政府的侵略行为，但是他们有组织有秩序，这是一种完全正义合法的行为。"律师辩护道，"比利时政府没有理由干涉这种正当

## 第二章 异国显锋芒

的游行活动，反而有义务支持他们的行动。否则，世界公正舆论会谴责我们的。"

法官和陪审团的态度摇摆起来，经过一阵商量，他们决定先休庭，之后再决定怎样判决。再次开庭后，因为比利时政府忌惮日本的势力，法院最后判处将童第周等中国留学生关押两个星期。

这个审判结果引起比京大学师生的强烈抗议，许多新闻媒体对审判结果也表示不满，那位义务律师继续向司法部门发出质询。在公众舆论的强大压力下，法院只好改判缓期执行，释放了童第周等人。一个星期后，警察局又质询了童第周，并威胁他："这次是你运气好，下次未必这么好运，你还是收敛一点，如果再闹，就将你驱逐出境。"

童第周从警察局出来，直奔达克教授家。街上华灯初上，达克教授正在写一篇学术论文。看见童第周到来，他赶紧起身相迎，愤愤不平地说："警察局真是太过分了！他们逮捕学生本来就不对，好在他们终于将你们释放了。"

"这次是平安脱险了，可警察局还是不放过我们。他们不让我们继续抗议，还警告我如果再抗议就将我们驱逐出境。"童第周义愤填膺地向老师诉说自己的不满。

"岂有此理，还有这样的事情？"达克教授听了也非常气愤。他很想帮助童第周，略微思考了一阵，他抬头对童第周说："我有一个办法，不妨一试。你最好先去警察局办一个到法国的签证，万一被驱逐，可以先到法国避一避，海滨实验室会欢迎你的。"这条退路的确稳妥。第二天,童第周便前往法国驻比利时大使馆申办签证,没想到却因为没有给小费被门卫阻拦,说他是闹事分子,将他赶了出去。达克教授知道后,亲自打电话向法国大使馆一位官员求助。这一次,童第周给了门卫小费,终于顺利办好了到法国居住的签证。

## 7. "我的祖国需要我"

当年童第周在法国海滨实验室创造了活体染色法,回到比利时后,达克教授就问童第周:"童,我记得你从中国带来一篇论文,我们至今还没有弄明白这篇论文的意思,你能否向我解释一下其中的问题?可以的话,今天你到我家里吃晚饭,咱们聊聊,好吗?"童第周爽快地答应下来。

当天晚上,在达克教授家里,童第周把自己的论文观点详细地阐述了一遍。达克教授听后大为震惊,连连称赞道:"非常好,很有见解!这是你的博士论文吗?"

"不是,"童第周坦然道,"我还没有得到博士学位。"当年童第周带着这篇论文来到比利时,达克教授误认为他是博士,因为那时童第周还无法熟练准确地使用法语,所以这些观点没有被很好地理解。

达克教授认为,像童第周这样优秀的学生,拿不到博

## 第二章 异国显锋芒

士学位实在太埋没人才了。因此,他对童第周说:"美国人搞的定位受精法,方法不是很好,你看看有没有改进的办法?"

受达克教授启发,童第周开始对棕蛙卵子受精面与对称面的关系展开研究。他用棕蛙卵子设计了一个精巧的实验,使精子能从卵子的任何方位的定位处进入卵子,证明了卵子的对称面不完全决定于受精面,而是决定于卵子内部的两侧对称结构状态。这项研究成果修正了当时胚胎学界公认的一个结论——卵子的受精面决定卵子对称面。

与此同时,童第周还继续关注海鞘的研究。在对海鞘早期发育的研究中,一方面,他证明了在未受精卵子中已经存在器官形成物质,而且有一定的分布,精子的进入对此没有决定性影响。另一方面,他观察到内胚层和外胚层似乎有相当的等能性,而且吸附乳头和感觉细胞的形成依赖外来因素,说明了卵质对个体发育的重要性。这项研究成果是开创性的,它使童第周成为中国实验胚胎学的创始人之一。

完成这两项研究后,童第周分别将研究成果写成论文,并交给达克教授审阅。达克教授阅后,称赞道:"童,你的方法比美国人的好!这两篇论文,无论哪一篇都能当作博士论文。"童第周经过衡量,决定选择有关定位受精的论文去申请博士学位。

达克教授所在的实验室属于比京大学医学院,因此,童第周要通过论文答辩，还要得到另一位教授的同意。那位教授脾气古怪，当童第周拿着论文找到他时，他傲慢地说："我不认识你。你到比京大学这么长时间，难道不拜访各位教授吗？"

童第周一听，对他这种说法嗤之以鼻，回道："教授，难道学校有这样的规定吗？你不看就算了，我这就拿走。"说完，他扬长而去，只留下那个教授在原地难堪。

之后，经过达克教授的努力，校方为童第周安排了论文答辩。答辩时，那个脾气古怪的教授没有出席。答辩前，达克教授安慰他说："不用紧张，这篇论文只有你我能理解，他们不会向你提问的。"果然，参加答辩的其他教授都未能很好地理解童第周这篇深奥的论文，也提不出什么问题，只有达克教授能解释提问。

论文答辩的第二天，达克教授就带来了好消息："童，你的论文答辩已经被讨论通过了，多数人认为应评为甲等，还有部分人认为应评为特等。因此，学校已决定授予你博士学位。"

在授予博士学位的仪式上，在场的教授、专家们纷纷向童第周表示祝贺。童第周激动地说："我是中国人！我获得了贵国的博士学位，至少可以说明中国人绝不比别人笨！"

此时的童第周，万分思念自己的祖国。自1931年"九一八"事变后，中国备受凌辱，大好河山相继沦陷，国内的同胞都在浴血奋战，而他身为弱国公民，在比利时连起码的爱国权利也受到限制。此时，他的老师和同学都劝他集中精力继续科学研究事业，不要再去冒政治风险。达克教授也对他说："只要再研究一年，拿出一篇论文，以你的能力，可以获得特别博士学位。"

但此时萦绕在童第周心间的不是他个人的利益，他想：我可以回到祖国继续我的研究！我有科研能力，又有科研成果，为什么不把这些奉献给自己的祖国呢？所以，他婉言谢绝了达克教授的好意："老师，我的祖国正在遭受战争的苦难，这里先进的研究环境无法让我潜心研究。我要回到我的祖国去，同我的同胞一起抗击侵略，我的祖国需要我。"

达克教授被童第周赤诚的爱国精神打动了，他不无遗憾地说："童，你现在离开比利时真是太可惜了，但我支持你，希望你回国后能继续坚持研究。"

1933年11月，"福建事变"发生，震惊中外。时任代理国民政府行政院院长的陈铭枢，国民党元老李济深，中国国民革命军第十九路军将领蔡廷锴、蒋光鼐等共同在福州成立了抗日反蒋的中华共和国人民革命政府，大力号召国外留学生加入福建的反蒋运动。童第周看到这个消息后，对陈铭枢、蒋光鼐、蔡廷锴等爱国将领推崇备至，同时他也对国民党反动派的不抵抗政策极度愤慨，他回国效力的决心更加坚定了。

1934年春，达克教授向中国教育部发出童第周即将回国、请求照会的公函。时任教育部长朱家骅的秘书沙孟海先生是童第周的同乡、校友兼世交，同时他也是中英庚子赔款委员会干事。得知童第周要回国后，他马上设法批准经费补助，使童第周从庚子赔款中得到一笔回国的费用。

1934年7月，童第周告别比利时的师友，来到英国伦敦。他在剑桥大学待了大概两周时间，学习实验生物技术。之后，便登上了从伦敦开往香港的轮船。在船上，他心潮澎湃，看着舷边的波浪，那翻腾的浪花就像他激越的心绪，难以平静。4年前，他为了胸中一口气毅然来到陌生的国度学习本领。为了向外国人有力地证明中国人不比他们差，他勤奋刻苦、不懈钻研，终于做出些成绩让外国人刮目相看。如今，坐在归国的船上，报效国家的前路已经逐渐明晰，正等待他意气风发地走上前去大展身手……

## 第三章 心怀报国梦

家园破碎的形势使童第周毅然回国准备投身革命,但现实却把他推向了教学科研的道路。于是,他把一腔热血洒在生物研究事业上,在这块田地里播种、耕耘,为中国的生物胚胎研究贡献了巨大力量。

## 1. 与山东大学共命运

1934年1月，福建的延平、古田、福州先后被国民党军占领，泉州、漳州亦相继失守，"福建事变"宣告失败，陈铭枢等人逃往香港。童第周当时还在遥远的比利时，对于第十九路军的战败一无所知。8月，童第周乘船到达香港，听说陈铭枢也在香港，便先去拜访了他。

两人初次见面，童第周简单介绍了自己的情况，并诚恳地向陈铭枢表达了敬意和投身革命的志愿。陈铭枢得知童第周的来意后，难过地对他说："童先生，非常感谢你的支持。但很可惜，我们的计划失败了，我劝你还是回去教书吧！教育救国也不失为一条路。"童第周无奈告辞。在香港逗留几日后，思念妻女心切的他便乘船回到了南京。

叶毓芬在大学毕业前夕生下她和童第周的第一个女儿童凤明。在生活日渐捉襟见肘的情况下，多亏蔡堡教授夫

## 第三章 心怀报国梦

妇的关照,把她接到家里,当亲人对待。叶毓芬毕业后,蔡堡教授又为她奔走找工作,这样她才当上大学助教,每月有了60元的工资收入。这份工作对叶毓芬来说相当于救命的良药。当时毕业即失业的她,带着一个嗷嗷待哺的婴儿,找工作非常难,也因为这样,童第周对蔡堡教授终身感恩。

从此,叶毓芬在一边教学一边养育孩子的同时,还挑起资助丈夫留学的重担。薪金有限,她便节衣缩食、省吃俭用,把自己和女儿的生活费用压缩到最低水平,然后把攒下来的钱全部寄给丈夫。她还把结婚时亲友们赠送的首饰典当变卖,挤时间写文章赚取稿费,想方设法地支持丈夫在国外学习。

童第周回国是准备参加反蒋运动的,因通信不便,也为了不让家人担心,他一开始并没有告诉妻子回国的消息。原想等安定下来后再通知家里人,没想到国内局势瞬息万变,早已不是几个月前的模样。

童第周回到南京时,叶毓芬既惊讶又兴奋。阔别四年,夫妻俩见面后凝视了许久,叶毓芬难掩激动地默默流泪,童第周也快步走上前去。两人执手相看泪眼,此时此刻,千言万语都化作无声的饮泣。从未谋面的女儿童凤明围在妈妈身边,好奇地打量着眼前这个陌生的中年男人。她奶声奶气地问叶毓芬:"妈妈,他是谁呀?他怎么把你弄哭了?"稚嫩的童音把叶毓芬从夫妻团聚的情绪中拉出来,她恍然意识到这是女儿自出生以来第一次见到爸爸。想到这里,她赶忙把女儿抱起来,温柔地跟她说:"你不是一直喊着要见爸爸吗?现在爸爸回来了,快叫'爸爸'!"女儿怯生生地看着童第周,随即转身抱紧叶毓芬的脖子。童第周看到女儿异常兴奋,他有些手足无措,不知该怎样和女儿亲近。过了一会,他小心翼翼地从叶毓芬怀里抱过女儿,逗她开心。一段时间后,父女俩逐渐熟络起来,女儿才开始叫"爸爸",童第周欢喜不已。在异国他乡漂泊4年之久,饱尝人间冷暖,如今家庭的温情像波涛一样向他涌来,他又岂能不倍加珍视?

在家里休整几天后,童第周开始为自己的工作奔走。由于对国内形势不甚了解,他想先回中央大学任教。他的老师蔡堡教授曾在中央大学担任生物系主任,国内局势动荡,各种政治风潮此起彼伏,中央大学受此影响,各派系之间明争暗斗,导致教学和科研风气也变得一塌糊涂。在这种乌烟瘴气的环境里,蔡堡教授心灰意冷,决定离开中央大学,到浙江大学任文理学院院长,创办了浙江大学生物学系。

童第周拜访了恩师蔡堡教授,向老师汇报在国外多年的学习成果。之后,他就谋职一事征求了蔡堡教授的意见,蔡堡教授强烈反对童第周返回中央大学,他说:"蔚孙,中央大学早已经不是当初的那个学校了,当前在那里是不可能做学问的,还是换一所学校吧。你若愿意,我可以推荐你到山东大学去任教。"童第周听从蔡堡教授的意见，决定去山东大学。随后，叶毓芬也辞去中央大学助教的职务，带着女儿和童第周一起北上，来到山东青岛。

山东大学是中国近代高等教育的起源性教学机构，也是我国历史悠久的高等学府之一，其前身是1901年创办的官立山东大学堂。自创立至今，曾几度更名，经历过停办、搬迁、合校、重建等几个历史发展时期。1932年，山东大学校长杨振声离职，教育部任命赵太侔为校长。赵太侔坚持兼容并包、学术民主的办学方针，克服重重困难，进一步加强学校的师资、硬件等建设。

当时，山东大学设在美丽的海滨城市青岛。学校规模不大，设有文、理、工三个学院七个系。学生不多，但师资力量雄厚，文科有老舍、游国恩、洪深、孙大雨等著名学者；理科有王恒守、何增禄、王普、汤腾汉等知名专家；工学院最晚成立，但也聘请了张闻骏、周承佑、唐凤图等知名教授。

经蔡堡教授出面推荐，童第周被顺利聘请为山东大学生物系教授。叶毓芬随同到达后，在家里相夫教子。为了让妻子休养身体，童第周对叶毓芬说："毓芬，你在家带孩子就不要再去教书了，做完家事，有了空闲，也可以搞学问。"此后三年，叶毓芬坚持每天到学校看书学习，同时协助童第周进行科学研究，打下了坚实的实验胚胎学基础。

童第周就职两三个月后，校长赵太侔因对生物系主任不满意，便利用师生矛盾暗地里支持学生闹事。童第周对校长纵容的做法十分反感，决定以辞职作为抗议。当时童第周在生物系开设了实验胚胎学、生物学史和进化学等课程，不仅受到学生的热烈欢迎，还有显著的教学效果，赵太侔很赏识童第周的才华和能力。因此，当他接到童第周的辞职信后第一时间就来到童第周家里，劝说他留下，表示会给带头闹事的学生记大过处分，并继续留用生物系主任。一场校园风波就这样平息下来，但生物系主任自知处境不佳，在半年后主动提出了辞职，这使得校长对童第周更加器重。

1937年，"七七"事变爆发，日军大举入侵华北。自此，中国的大部分河山遭到侵略，人民生活在水深火热之中。为了贡献自己的一份抗日力量，童第周夫妇是坚决的日货抵制者。他们的日子虽然清贫，但坚决不吃便宜实惠的日本蔬菜，只吃中国蔬菜。他们家周围的商店老板都清楚这一点，所以从不给他们送日货。

这年暑假，童第周为躲避战乱回到老家。夫妻俩坚决不坐日本的轮船，而乘坐招商局轮船从青岛取道上海，回到阔别多年的家乡童家岙，一住就是两个多月。这一年7月，童第周的第四个孩子童时中降生。9月，因叶毓芬刚刚生产，不便行动，童第周独自返回青岛准备开学。谁知不到一个月，严峻的战争形势迫使山东大学停课，开始做

## 第三章 心怀报国梦

迁移准备。童第周只好又回到老家。

10月，童第周得到消息，山东大学将迁往安徽省安庆市。童第周准备带着全家动身前往安庆，考虑到战事纷乱，交通线被切断，途中条件十分艰苦，而且诸子年幼，童第周和叶毓芬商量后决定由叶毓芬带着4个孩子在老家暂避，童第周一个人前往安庆与学校师生会合。一路上，童第周历尽坎坷，几乎全靠步行，露宿街头更是屡见不鲜的事。

有一天，赶路途中突然下起倾盆大雨，童第周毫无准备，只得冒雨继续往前走，边走边找避雨的地方。当时他已经浑身湿透，好不容易看到路边有个小酒店开着门，他快速跑进酒店避雨，想等雨停了再继续赶路。酒店老板见他一身狼狈，便对他下了"逐客令"，周围有好心人提醒他喝点酒暖暖身子，这样老板才可能同意让他在这里借宿。童第周心领神会，跟老板说明自己的身份和赶路的原委，并点了一壶酒，问他还有没有床铺可供休息。老板见童第周谦逊斯文，不好漫天要价，只收了他3元钱的住宿费。

到了半夜，酒店里的客人都已安然入睡，一阵突如其来的枪声惊醒了所有人。事发突然，所有人都不知道外面的情况，大家又焦急又惶恐。就在这时，老板匆匆走过来，递给童第周一身旧衣服，催促他赶快把身上的西装换掉，并将童第周的皮箱塞到一个隐蔽的地方。门很快被撞开，原来是一伙抢劫的土匪，他们把酒店的财物搜刮一空后扬长而去，众人这才长舒一口气。在贼匪问话时，多亏老板巧妙周旋，把身穿布衣的童第周说成酒店的伙计，这才保住他的行李和仅剩的钱财。事后，童第周对酒店老板再三表示感谢。

虽然路上磕磕绊绊，走了半个多月，但也遇到不少好心人，在他们的帮助下，童第周终于安全进入安徽地界。这时，受战事影响，开往安庆的汽车很少，他只好住下来等车。好不容易等来汽车，走到半路，线路又中断了。汽车又走了十余天才到安庆城，这时童第周身上仅剩2块大洋。

童第周本想着休息一下再去学校，谁知又遇到了麻烦。在车站的出口处，几个警察拦住童第周，厉声问道："到安庆来做什么？把身份证拿出来！"

童第周淡定地打开皮箱，取出山东大学的聘书递给警察。看过聘书后，警察依然不放行，硬要检查他的箱子。童第周拒绝翻看，几个警察推开童第周，粗暴地打开了他的皮箱，但他们在箱子里翻了半天也没有翻到任何"有价值"的东西。只是一个警察摸到一个信封，里面似乎装着一块硬东西，于是问道："这里装的是什么？"

"马蹄铁。"童第周从容地回答。

"你一个老师带着马蹄铁干什么？"

"我曾经在比利时留学，西方人有个习俗，他们把马蹄铁看作避邪保平安的吉祥物，这是出门前我夫人放进去的。"童第周解释道。

但警察们并不相信他的话:"你不能走,得跟我们到警察局去一趟。在没有问明白马蹄铁的用途之前,我们不能放你走!"

就这样,童第周被警察局无故扣押。他觉得这些警察在无理取闹,但眼下是秀才遇到兵,有理说不清,他又急又气,一时没了主意。在关押房,他看到看守的警察,计上心来,将仅剩的2块大洋塞给警察,说:"劳驾你跑一趟山东大学,帮忙捎个信,让他们来接我。"

第二天一早,山东大学就得到了消息,派人将童第周接走了。此后,童第周和山东大学师生会合,但他们在安庆并没有停留多久。因国民党军队在前线连连败退,安徽很快沦陷。童第周只好随着山东大学的师生再次搬迁到武汉。

刚到武汉不久,时任山东大学校长的林济青便借口学校没有经费要就地解散学校。得到消息后,关心学校命运的教职工们聚集起来商讨此事。童第周平日里为人正直,深明大义,颇受同事们敬重,所以大家纷纷征求他的意见,看下一步该怎么做。童第周认为校长解散学校的理由是经费不足,那么应该先去银行查询学校的账户余额,了解情况是否属实。大家表示赞同,于是几位教授代表来到银行,要求查看学校账户余额。银行经理此前已接到指示,对他们说,没有校长的签字,学校其余人等均无权查询账户余额。不管教授们如何据理力争,银行经理依然态度强硬。

童第周灵机一动，想到一个办法，他让一个教员先行回校，组织学生们作为代表与银行交涉。没过多久，山东大学的学生代表们便浩浩荡荡地来到银行门口，大声呼喊口号要求查账。看着群情激奋的场面，银行经理无力招架，态度也软了下来。童第周趁机上前，正色说道："你们不让教授查账，那就让学生们查吧，他们足以代表山东大学。"说完，他做出要离去的姿态。银行经理生怕事态扩大危及自己的利益，连忙说："这位教授，且慢，我同意让你们查账，不过你得先让学生们回去。"

查账后，教授们发现山东大学的账户上还有9万多元的经费。显然，校长声称的经费不足只是一个借口。知情的教授们决定暂时不声张，待到关键时候，再质问校长的真实意图。

之后的某天，校长林济青正式召集教职工宣布要解散学校时，童第周站起来，他质问道："据我所知，目前学校户头上还有9万多元，虽然钱不多，但只要节俭使用，学校还不至于走到解散那一步。"当着多数师生的面，林济青被童第周这一说，顿感狼狈，又碍于童第周在师生中的威望，只得敷衍解释几句，宣布取消解散学校的决定，继续维持学校运转。

在童第周与师生们的共同努力下，山东大学暂时保留。但不久后武汉又遭到日寇的狂轰滥炸，山东大学只得迁往沙市，不料到了沙市又遭轰炸，学校不得已只能继续内迁，

## 第三章 心怀报国梦

一直迁到万县（今重庆万州区）。

到1938年春，学校稍稍安顿下来。童第周给老家的叶毓芬去信，让她带孩子到重庆来。这年5月，因战事不断，叶毓芬决定将童宜中、童时中两个幼子留在老家，托付给童第周的大哥大嫂照顾，她自己则带着大一些的童凤明、童孚中前往重庆。

没过多久，林济青趁蒋介石在重庆召集各大学校长开会之际，又提出解散山东大学的想法。迫于时局混乱，又自顾不暇，蒋介石批准了这一建议。山东大学的师生们知道后，尽管对林济青愤恨不已，但又无能为力，只好各奔前程。

在山东大学任教期间，童第周培养了许多胚胎学方面的专业人才。那时国内形势严峻，民众生活困苦。隆冬时节，学校没有条件供暖，童第周带领学生们在一间背阴的实验室里上课。将近两个月的时间，实验室的气温一直处于零下4摄氏度左右，实验室就像一间密封的冷库，学生们冻得瑟瑟发抖，有些甚至被冻得腿脚麻木。然而童第周几乎不受恶劣环境的影响，他以身作则，每次上课都早于学生进入实验室。当时他身兼数职，同时教授多门课程，如细胞学、遗传学、胚胎学、实验胚胎学和普通动物学等，每门课的每个教学环节，从备课到实验，他都按部就班，认真对待。为了使学生们对胚胎学形成系统完整的认知，他讲课时十分注意从动态的和进化的角度启发学生思维。

他认为科研人员在钻研科学之前必须系统地积累知识，这样才能在探索科学的道路上走得稳健长远。

为此，童第周付出了大量的精力和时间，他精心设计实验方案，带领学生们上课、做实验，以高度负责的敬业精神投入教学。在那个寒冷的冬天，学生们按照童第周的要求，举行了十多次胚胎学的书报讨论会，阅读了大量专业文章，受益匪浅。童第周的一言一行都受到学生们的敬仰，他以自己的实际行动教会学生们在追求科学事业的道路上要披荆斩棘、迎难而上。

## 2. 从中央大学医学院到同济大学

山东大学解散后，童第周为了养家糊口，在重庆国立编译馆工作了一段时间，并申请了每月200元的文化基金，继续进行生物学研究。不久，中央大学也南迁到重庆，时任校长罗家伦得知童第周也在重庆后，立马向他发出聘书，邀请他到理学院生物系任教。但理学院却擅自扣压了聘书，安排童第周到医学院工作。当时医学院设在成都，童第周得知大学时的恩师蔡翘教授也在那里任教，便欣然接下医学院的聘书。

因为中央大学的医学院远离重庆本部，单独设立在成都的华西大学，科研条件十分简陋。实验室的面积不到20

## 第三章　心怀报国梦

平方米，而且设在过道里，人来人往，极不方便。实验室里只有一架双筒显微镜，是实验室唯一一件现代化设备，童第周夫妇和助手们轮流使用，因此格外珍惜它。显微镜操作是一项相当精细的技术工作，不容周围有任何响动，哪怕有人走动，工作都得暂停。但设在过道里的实验室无论如何不能保证没有人员走动，因此，童第周常常把实验工作安排在晚上或凌晨进行。万籁俱寂之时，总能看见童第周在显微镜旁安静地观察研究。

显微镜的操作要求十分严格，童第周对学生们的要求也很高。每次做完胚胎切割工作后，他都要一一察看，检查是否符合标准。他经常告诫学生科学研究容不得有半点马虎。此外，为了培养学生们的表达能力和逻辑思维，他经常开讨论会，由实验室里的研究员轮流主讲，他则引导学生展开辩论。他总是鼓励学生要善于发现问题，不要害怕困难，看准了问题就咬住它，不轻易放弃。这种民主、开放式的交流，使学生们获益良多。

工作之外，童第周还是一个慈爱的长辈，经常和学生们闲话家常，关心他们的思想状态和生活状况，并主动帮助有困难的学生。在童第周和叶毓芬的带领下，实验室的工作气氛既严谨又活泼，学生们都喜欢待在实验室里，似乎一进实验室，他们就有使不完的劲头、讨论不完的问题，看书、写作、思考和做实验已经成为他们生活中不可或缺的内容。

但事情并不总是这样顺利,童第周开始到医学院就职后,因为不是学医出身,遭到了校长戚寿南的轻视。戚寿南还暗自扣押了童第周每月 200 元的文化基金,并告知童第周这笔费用已被收回,使童第周的科学研究被迫中断。不仅如此,戚寿南还任人唯亲,对与自己关系亲近的教授给予丰厚的薪俸,并不断加薪,而童第周这类不会阿谀奉承的教授,薪资则少得可怜。童第周见院长为人不正,果断提出辞职。戚寿南见状,忙向童第周保证要给他加工资,并顺势取悦童第周:"童教授,此番我想把尊夫人叶毓芬女士也聘为讲师,不知尊意如何?"童第周并不接受,干脆利落地回应道:"我没有同你做生意,不需要跟你交换条件!"

童第周的文化基金被校长中断后,为了做实验,童第周和叶毓芬夫妇将省下来的工资一并用到研究中。他们在实验室的院子里放了一只大鱼缸,里面养了几十条金鱼。夫妻俩精心照料,金鱼一天天长大,眼看就快到产卵期了,马上就能为童第周的金鱼遗传实验提供活体。童第周夫妇充满期待,不料这个时候却出了问题。

当时他们夫妇二人都忙于教学工作,大女儿童凤明在当地上小学,大儿子童孚中已经 5 岁,放在家中没人看管,平时总跟着同龄的孩子疯玩疯闹。

这天,童孚中和一个小朋友趁大人们埋头做实验之际溜到院子里,两人正百无聊赖的时候发现了鱼缸里养着的几十条金鱼。他们先是把手伸到鱼缸里逗鱼、抓鱼,后来童孚中发现每条金鱼都瞪着大大的水泡眼看他,童孚中一下子被吸引住了。他抓起一条金鱼,也瞪着它,但直到眼皮发涩,金鱼的眼珠还是一动不动。之后,他和那个小朋友就用手指挖金鱼的眼睛,嘴里还念念有词:"我让你瞪眼睛!你再冲我瞪眼睛!"金鱼的两只大眼睛被抠出来后,又被丢回鱼缸。之后,他们见鱼缸里的其他几十条金鱼还在用大眼睛瞪他们,两人索性一起动手,把金鱼一条条抓起来,将金鱼的双眼抠出来后再扔进鱼缸。

看着一缸失去眼睛的金鱼,童孚中和他的玩伴得意非常,一边跳着一边拍手叫好。他们的动静惊动了屋里的童第周夫妇,他们远远地看到儿子在鱼缸边,一股不祥的预感让两人对视了一眼后立马跑向鱼缸。等到他们走过去一看,鱼缸里的水已染成红色,有不少金鱼肚皮朝上漂在水面。两人顿时火冒三丈,这个损失简直要了他们的命啊!童孚中一看父母脸色铁青,立刻觉察到自己做了错事,拔腿就想往外跑。童第周见势一把抓住他,抡圆了胳膊使劲往他屁股上打。叶毓芬也顺手抄起鸡毛掸子,用力打下去,边打边骂。童孚中几乎被打得皮开肉绽,他哭得声嘶力竭,但童第周和叶毓芬不为所动,他们下决心要给顽皮的儿子一些教训,让他知道犯了错必须接受惩罚。

当时5岁的童孚中正是调皮爱嬉闹的年纪,他哪里知道,父母视科学研究如生命,失去这些金鱼差不多要耽误他们半年的研究进度。教训完孩子后,童第周夫妻长吁短叹,一脸无奈。后来,他们实在想不出更好的办法,只得让大女儿童凤明休学一年,在家看管这个顽皮的弟弟。

当时的成都,经常会有日军的飞机来轰炸,每当警报一响,研究就要中断,夫妻两人带着孩子们往防空洞跑。由于时局混乱,当时许多人囤积居奇,哄抬物价,大发国难财。很多教师为了生活,不得不去多所学校兼课以补贴家用。童第周则一心扑在科学研究上,生活十分清贫。

1941年10月,童第周决定离开中央大学医学院,去中山大学任教。但他的二哥童第德告诉他,虽然中山大学迁到了湖南,但没有固定处所,经常搬来搬去。正在童第周犹疑之际,时任同济大学校长的周均时得知这件事,向童第周发出热情的邀请,请他到同济大学任教。童第周欣然接受了这一邀请。

1941年11月,童第周一家内迁至四川宜宾李庄镇的同济大学。李庄镇离市区很远,因为位置比较偏僻,相对安全,当时很多内迁的高等学府和科研机构在此安家落户。这个古老的小镇由于大批人员的涌入,物价飞涨,生活成本高昂,但教职工的薪资却没有相应增加,师生们只能天天吃地瓜,条件非常艰苦。童第周家里也一样,他在房子后面储藏了大量地瓜,当作全家的主要食粮。

## 3. 举债购置显微镜

童第周在同济大学的工作基本走上正轨后，便与叶毓芬商量，想做一些研究。当时同济大学理学院设在李庄一座叫南华宫的寺庙里。这座寺庙破败简陋，童第周所在的生物系就在其中的一个院子里，大约有20平方米，四五个科研人员挤在一起做实验，比中央大学医学院的"过道实验室"条件更差。这里连一架显微镜也没有，根本无法开展胚胎学的研究工作。

叶毓芬很清楚他们的新环境和丈夫做科研的决心，但冷酷的现实摆在他们面前，她实在是无能为力。没有经费、没有仪器，谈何科研？国民党官员偏安于重庆陪都，逐渐适应了西南的气候条件，过起纸醉金迷的日子，没有多少人真正关心科学事业。一想到这些，童第周就无可奈何，他知道自己对社会现状无能为力，但他又不甘心让生物学科研就此中断，只能苦苦思索出路。

一天，童第周看望朋友回来，一进门就兴奋地喊道："毓芬！毓芬！"叶毓芬正在看书，听到童第周的声音，忙不迭跑了出来。她见童第周满面春风，料想一定有好事，连忙问道："蔚孙，什么事情让你这么高兴？快告诉我。"

"我找到一样好宝贝！"童第周像纯真的孩子一样兴奋

地说。

"哦？是什么好东西？"童第周的话激起了叶毓芬的好奇。

"你绝对猜不出，是显微镜———架真正的双筒显微镜！"童第周两眼炯炯有神地看着叶毓芬说。

一听是显微镜，叶毓芬也跟着欣喜不已。这对曾携手在显微镜下工作的夫妻，已经好几年没见过这个宝贝了。她一把拉住童第周的手，忙不迭地问道："蔚孙，你在哪里看到的？还能用吗？快带我去看看！"

童第周激动地说，这架显微镜是他在回家路上偶然发现的，现在在镇上的旧货店里。随后，叶毓芬便催促童第周赶紧到镇上把显微镜买回来，夫妻俩略一收拾就从家里出发前往镇上，生怕去晚了显微镜被别人抢走。

来到旧货店后，两人站在显微镜前仔细端详着，爱不释手，就像在观赏一件稀世珍宝。尽管这架显微镜已经很旧了，但在童第周和叶毓芬眼里，它就像久旱后的甘霖一样宝贵。在战乱年代的偏远山村，居然能找到这样一架精密的显微镜，这已经十分难得了！他们无比渴望地想早点把它买回去。

童第周招呼旧货店老板，他指着仪器问道："老板，这个显微镜多少钱？"

老板早就注意到守在显微镜旁边的童第周夫妇了，他一眼就看出这是两个穷教授。因为有钱人根本不会买这个二手仪器，而经费充裕的教授也不可能小心翼翼地问价钱。

老板走过来，顺手指了指显微镜上的标价说："这里有标价，6万块！"

童第周夫妇听了，不约而同地把手缩回来，他们互相看了对方一眼，都不再作声了。

"现在只卖6万块，先生，您要买回去，那就是捡了个大便宜呀！要是在战前，即便掏10倍的价钱也未必买得到！"老板察言观色，看两人动了心思便一个劲鼓动他们购买。

6万块，按照当时的物价水平，正好是童第周夫妇两年的工资！童第周一下子说不出话来，老板以为他在犹豫，又补充道："先生，您还是买了吧！这可是正宗德国货，蔡司牌，在这巴掌大的地方碰见合适的器材，多难得啊！机不可失，时不再来呀！"

童第周还是不说话，他咬着嘴唇站了一会儿，突然拉着叶毓芬走了出去。走出很远后，又忍不住回头看了看。"蔚孙，我们还是走吧！"叶毓芬轻轻拉了他一下，两人心事重重地回到李庄。

可是怎么能甘心就这样放弃呢？晚上睡觉前，童第周的脑海中还是那台显微镜，它是那样清晰、那样诱人。身为研究生物学的教授，实验仪器对童第周来说就像是他的眼睛和手脚。这晚躺在床上辗转反侧的除了童第周，叶毓芬也心事重重。她知道有了这台显微镜，童第周的金鱼实验就能继续进行，这是丈夫的梦想。怎样才能买下这架显微镜呢？叶毓芬开始在心里盘算。结婚时的那些首饰早在童第周留学时就卖光了，家里已经没有什么值钱的东西了。或者向学校预支工资？可是当时学校连科研费都拖欠了好几个月发不出来，怎么可能预支工资呢？就这样，他们各怀心事地度过一个无眠的夜晚。

　　第二天，他们又耐不住内心的驱使跑到旧货店，只为了看看那台显微镜。这一次，他们再看标价，居然变成了6.5万！

　　"老板，昨天不是还卖6万块吗？今天怎么涨了5千？"童第周觉得旧货店老板是在坐地起价，生气地问道。

　　"6万是昨天的价钱，今天物价又涨了，水涨船高嘛，我们也没办法，只能跟着涨。"老板一边忙自己的生意，一边漫不经心地说。

　　接下来的好几天，童第周只要一下班就跑到旧货店去看那架显微镜有没有卖出去。只有看到显微镜安然无恙地摆放在柜台上，他才恋恋不舍地离去。

　　童第周那几天总是魂不守舍地惦记那台显微镜，叶毓芬看在眼里，急在心上。不久，她终于下定决心，对丈夫说："蔚孙，我看你这几天心里一直放不下那架显微镜，不如我们这样办吧！你不是有几个热心科学的亲戚朋友吗？他们比我们宽裕些，我们向他们借，日后慢慢还。"

　　童第周也觉得这是目前最好的方法了，但想到这笔巨额债款会使目前本就艰难的日子雪上加霜,童第周为难地看着妻子。叶毓芬似乎看出了丈夫的心事,坚定地说:"为了事业,一家人吃点苦不算什么!"

童第周由衷地感谢妻子,他握着叶毓芬的手,久久说不出话来。在科学的道路上,只有妻子最了解他,最关心他,最支持他。茫茫人海中,他能找到这样聪敏贤慧的人生伴侣,是多么幸运呀!

打定主意后,叶毓芬就开始到亲戚朋友家借钱。她告诉亲友那台显微镜的重要性以及她和童第周对这台仪器的渴望。亲友们得知后纷纷支持,或多或少地出借给他们钱财。几天后,叶毓芬把借来的钱凑到一起,终于买下那架德国制造的蔡司牌双筒显微镜。

从此,这架显微镜一直跟随童第周夫妇,记录下他们辛勤的工作,见证了一对夫妻同舟共济、共渡难关的坚贞不渝,也凝聚了老一辈知识分子忘我无私的奉献精神。直到今天,这架显微镜还摆在童第周纪念馆里。通过它斑驳陈旧的外形,我们不难想象出它曾怎样陪伴童第周度过那些艰苦的科研时光,他探索科学、追寻真理的步伐从来没有因为战乱而停止。

当童第周夫妇把这架显微镜搬回家时,全家人像是迎接贵宾一样郑重其事。童第周无比珍爱这个"伙伴",每天都将显微镜擦了又擦,生怕它沾上一点灰尘。每次做完实验后,童第周总是把这架宝贵的显微镜带回家,细心保存起来。

　　自从有了显微镜，夫妻俩便紧张地为实验忙活起来。当时电池是脱销品，价格高昂，但没有电源只能通过电池来给小灯泡供电照明。为了保证实验的连续进行，又节省电池费用，童第周想出一个办法：雪天，利用积雪反光；晴天，就在阳光充足的地方做实验。那段时间，童第周一家生活极其清苦，食不果腹是常有的事情，但夫妻二人就靠着这台显微镜，顶烈日、冒风雪，不辞劳苦地探索生命的奥秘。

　　虽然李庄位于山区，无法寻找海洋生物研究材料，但这里的青蛙、蟾蜍、鱼类比比皆是，童第周并没有放弃自己既定的主攻方向——实验胚胎学。他因地制宜，经常组织同事和学生外出采集青蛙卵，作为研究材料。

　　因为蛙类和鱼类产卵时期在初春，因此实验也只能在早春时节进行，而这个时候的室外温度往往还比较低，且条件艰苦。李庄早春多阴雨天，童第周夫妇和同事们经常冻得两手发僵。实验室光线较暗，他们只能用煤油灯作为光源。煤油灯光照微弱，往往因为靠得太近将头发烧着，或是被熏得流眼泪。最困难的要数实验工具的匮乏，培养胚胎的玻璃器皿、组织切片用的载玻片等都是必不可少的基础工具，没有这些，实验就无法进行。童第周和同事们开动脑筋，没有工具就创造工具。他们用粗陶瓷杯代替培养胚胎，用去掉胶膜的旧胶片代替载玻片，自制极细玻璃丝当作解剖器，上山采冰降温冷冻胚胎……凭着攻坚克难的科学精神，童第周夫妇和同事们的科研工作获得了重大进展。

在蛙类及蝾螈胚胎发育的研究中，他们应用切割外胚层组织并旋转180度的移植方法，观察到胚胎表皮上纤毛运动方向的决定时间是在原肠期和神经板形成初期，并证实纤毛运动的轴性主要是由中胚层以及内胚层的感应作用决定。这种感应能力（诱导作用）在个体发育中沿着胚胎的前后轴从头向尾逐渐减弱，形成梯度。他们还证明这种感应能力是源于一种未知的化学物质，这种化学物质通过细胞间的渗透作用，诱导了胚胎纤毛的运动方向。这一发现使童第周被国际学术界公认为脊椎动物实验胚胎学的权威人士。

童第周认为科学技术要通过交流和学习才能进步，所以他尽可能关注国内外的科研动态和成果。比如卵子的发育能力、细胞核的移植等课题，都是受到前人科研成果的启发，通过逻辑分析后结合实际情况、具体条件而做出的创新。计划性强、工作逐步深入是童第周科研工作的一个特点，理论联系实际则是他在科学研究中一直强调的原则。

童第周在同济大学教书时，有不少参考书是从德国引进的。为了读懂这些书，他决定自学德语。尽管那时他已经40多岁了，但他仍抽出时间从头学起，直到能够阅读德语书籍为止。因为要经常发表论文和阅读英语文献，他在英语的学习上也下了很大功夫，每次读到一些语法复杂的英语句子,他都抄在笔记本上,反复诵读。良好的外语水平使他更便利地接触到国际生物学界的动态,也更有利于启发他的科学思维。

20世纪40年代到50年代,童第周先后发表了许多高质量的研究论文,包括《两栖类胚胎中各胚层之前后轴及其感应能力》《组织死后之轴感应性》《蛙胎中胚层对轴之感应作用之等级现象》《两栖类动物纤毛诱导之研究》。同时,他们还完成了一系列相关的研究实验,包括《金鱼卵子经离心作用后之发长》《硬骨鱼类纵向分割卵胚膜及断片发育能力之实验》《鱼类卵子中"组织物质"地位的研究》《鱼类早期发生的研究》等。在艰苦闭塞的李庄,他通过坚持不懈的努力,成功嫁接了双头金鱼和多尾金鱼,引起业界专家们的惊叹。

童第周的科研成果在国外也造成了轰动。他在比利时的师友们对此做出高度评价:童第周说到做到,他用自己的知识,为苦难的中国服务。

## 4. 与李约瑟的缘分

李约瑟是英国胚胎生物化学的创始人、中国科技史研究专家,曾任剑桥大学冈维尔与凯斯学院院长、院士委员会主席,联合国教科文组织自然科学部首任主任,他和中国科学界的渊源很深。解放前，在李约瑟的倡议下，英国政府在中国正式设立了官方机构——中英科学合作馆；1994年，他被评选为中国科学院首批外籍院士。他曾在《中国科学技术史》一书中明确肯定了中国古代科学技术对整个世界文明进程的积极推动作用，以及为全人类做出的巨大贡献。

1942年，在第二次世界大战最关键的转折时刻，英国政府决定派遣一批由科学家与学者组成的考察团，前往中国援助受日军封锁的中国科学家，为受困的医生、科研人员和工程师提供援助。这些援助包括科研仪器、专业书籍、实验原材料等在内的软硬件设备，从而加强中西方科学信息的传递和交流。作为英国皇家学会的代表之一，李约瑟参与其中。

1943年2月，英国文化科学赴中国使团来华。李约瑟与其他团员从印度的加尔各答起飞，越过高耸的喜马拉雅山脉后，顺利进入中国云南，由此展开了长达4年的在华考察工作。李约瑟带着助手深入中国西南地区，对被困于偏僻乡野的各大院校、科研机构进行考察与援助。在此期间，他与许多中国科学家及教育界人士结下了深厚的情谊，对中国的科研、教育现状有了深入了解。随着了解的加深，他深深敬佩那些在困苦中排除万难、坚持科研工作的中国科学家。

一天，荒僻破败的李庄突然变得热闹起来，镇子里的人簇拥着几个金发碧眼的外国人，这些人正是李约瑟一行。李约瑟还在重庆考察时就听说童第周在宜宾的李庄镇工作，当年在法国海滨实验室无缘相见，这次他来到中国，最想见的人之一就是给他留下深刻印象的童第周。

李约瑟到来的前几天，童第周正争分夺秒地做实验。就在这时，他突然接到从重庆打来的长途电话，打电话的人就是李约瑟。李约瑟在电话里说，他正在中国进行科学考察，计划来看望童第周夫妇，童第周欣然允诺。

李约瑟非常欣赏童第周取得的科学成就，他一到李庄就急切地向童第周提出请求："童，让我们先参观一下你的实验室吧！"

"我们目前所在的地方就是我的实验室！"

李约瑟的目光顺着童第周的手势转了一圈，只见实验室极其简陋，屋内没有通电，破旧的桌子上只有一些简单的设备，还有几个鱼缸。经过仔细"搜索"，李约瑟才发现了一台被严密保护的显微镜。眼前破败的情形让李约瑟一行大为惊讶，李约瑟难以置信地问童第周："这真是太不可思议了，难道你就是在这样的条件下完成那些先进实验的吗？"

"正是！"童第周给出了肯定的回答。

"可是你们没有通电，怎么进行那些细致的实验呢？"

"我们的'电'都是取自大自然。每次做实验的时候，我们就把桌子搬到外面，白天利用太阳光照明，冬天的晚

## 第三章 心怀报国梦

上就用积雪的反光。"童第周笑着说。

假如李约瑟不是亲眼所见，他根本无法相信童第周的那些斐然成果竟是出自眼前残破的环境中。他怔怔地看了许久后才缓过神来，连声称赞道："童先生，这真是一个奇迹，科学史上的奇迹！"

离开小镇的时候，李约瑟终于忍不住向童第周提出自己的困惑："童先生，据我所知，布鲁塞尔的实验室条件很好，而且他们还能为你提供科研资助，你为什么偏要到这样差的地方来做实验呢？如果你留在布鲁塞尔，你的成就将远超于现在！"

"李约瑟先生，这个问题其实很简单。因为我是一个中国人，中国的科学家当然要在他的祖国完成科学研究！"童第周真诚地答道。

"对！对！中国人，了不起！什么条件下都能工作。"李约瑟竖起大拇指，拍着童第周的肩膀，露出无限钦佩的神情。

"环境再差，我的研究也不会停，有什么武器打什么仗嘛！"童第周风趣地说。

与童第周在李庄的这次会面，给李约瑟留下了深刻的印象。后来，李约瑟有感于童第周的艰辛，在返回英国前专门赠送给他一台显微镜，虽然是二手的，但对童第周的科研工作已是极大的支持，此后他们也建立了深厚的友谊。多年以后，李约瑟到美国加州大学斯格里普斯海洋研究所作报告，在谈到中国的科学技术时，他特别提到童第周和汤佩松两位中国科学家，高度赞扬了他们艰苦奋斗的精神。他还说，即使在异常困难的条件下，中国的科学家们也从未放弃科学研究，并以童第周带学生跋山涉水地上山采集天然冰为例，向在座的同行介绍中国科学家在绝境中坚韧不拔、追求真理的事迹，使在场的外国同行无不感叹。

## 5. 在复旦的浮沉

1937年"八一三"淞沪会战打响后，复旦大学开始西迁，最后落脚在重庆北碚。童第周在复旦大学求学时的老师郭任远仍然担任心理生理研究所所长。由于研究所人手紧缺，许多具体工作无法开展。郭任远想到了童第周，便向自己的学生发出邀请，而这时的童第周正陷于人事倾轧的风波中。

同济大学生物系主任在西康考察时，就有别有用心之人向他写信挑拨离间，说童第周要抢占系主任的位子。此后李约瑟又到李庄探望童第周，这一系列的事引起了生物系主任的忌妒。他从西康返回时，见到携妻儿来迎接他的童第周，便没有什么好脸色。第二天，童第周到他办公室交还系里的公章和费用时，他仍不冷不淡地对待。起初，童第周不明就里，后来仔细分析后，他敏锐地察觉到这里的工作氛围已不适合他。经过慎重考虑，他接受了郭任远的邀请，出任复旦大学心理生理研究所研究员，由妻子叶毓芬和学生张致一协助他进行研究工作。

还在中国考察的李约瑟得知童第周从李庄来到重庆北碚后，在一家饭店里为他接风。谈话中，众人对郭任远的政治观点和为人非议颇多，李约瑟也略有耳闻，他对童第周接受郭任远的聘用一事感到奇怪，便问童第周："童先生，你了解郭任远这个人吗？"童第周坦率地回答："当然，他是我的老师，他的生理实验和研究方法对我影响很大，因为这个我才答应来复旦大学的。"李约瑟听了，也不好再说什么。

实际上，童第周对郭任远的为人处世并非一概不知，而且对他的某些做法也持保留看法。郭任远为人独断专行，在担任浙江大学校长期间曾勾结军警镇压过学生爱国运动。但无论如何，郭任远曾经开设的"猫鼠实验"讲座把童第周引到了生物科研的道路上，对此，童第周心存感激。他曾经说："我的老师郭任远在政治上很落后，但业务方面很强。他是美国留学生，在心理学上有突出贡献，那就是打破了曾经风行一时的'动物本能说'。这个实验使我联想到，一切科学研究都要经过实验的考证，只有确凿的实验结论才能发展前人的学说。这是我从郭任远老师那里得到的终生难忘的教诲。"

尽管童第周对郭任远怀有师生情谊，但后来的事实也证明，李约瑟的提醒并非多余。当时，郭任远只是挂名在心理生理研究所，而实际工作的只有3个人——童第周夫妇和张致一。研究所经常有国民政府高官前来视察，李约瑟也来过多次。

有一次，时任复旦大学校长的章益陪同国民政府立法院院长孙科前来参观实验室。这天，实验室的柜子上刚好放着一个酱油碗，因为来不及收拾，前来参观的官员和陪同人员都看到了这个碗。原来，童第周夫妇有时因为连续实验的缘故，来不及回家吃饭，只好把饭带到实验室，见缝插针地扒拉几口。当时，西南地区物资奇缺，许多人家吃饭时蘸酱油或盐，所以实验柜上暂时放了个酱油碗。郭任远曾把他的一个亲戚挂职在研究所任秘书，但这个秘书从不参与实际事务，只是按月领取工资，闲得无聊时就在办公室养些花草解闷。每次有上级官员来实验室视察时，他才作为陪同人员露面。这天，他看到酱油碗后，为了在孙科面前显示个人姿态，当场把碗摔碎，并假正经地说："岂有此理，实验室是吃饭的地方吗？真是过分！"一旁的童第周听了很气愤，在他眼里，秘书此刻正如小丑般窘态百出。

待孙科一行参观完离开后，童第周越想越生气，不干活的人却在每天认真工作的人面前说三道四，他咽不下这口气，决定教训一下这个秘书。童第周愤怒地敲开秘书的门，进去后把他的花盆打得稀巴烂，并轻蔑地说道："现在我要改一改你这狗仗人势的毛病。"说罢，便潇洒地离开了。童第周一走，秘书就径直跑到郭任远那里告状，借着亲戚的一层关系，加上他添油加醋的描述，郭任远不问青红皂白，就认定是童第周在无理取闹。他让自己的夫人去警告童第周："如果再这样，下一次就把研究所解散了。"谁知童第周并不受他的威胁，反驳道："那正好一拍两散！"

之后，童第周找到复旦大学校长章益，把事情经过一五一十地告诉他。章益支持童第周的做法，决定请他兼任复旦大学生物系教授，并打算拨给他7万元经费，希望他筹建理学院。童第周只接受了生物系教授的职位，婉言谢绝了理学院筹建工作。

这段时间，童第周与叶毓芬、张致一合作研究了金鱼卵子的发育能力。在以往的实验中，童第周经常用切割技术使卵子的两部分彻底分离，从而清晰、方便地观察各自的发育情况。但这种做法也有一个致命缺点——由于切割的机械作用，有时会黏走或流失一部分细胞质，导致一些重要发育物质的损伤。为了防止细胞质外流，童第周决定试着采用头发分割受精卵的办法进行实验。

实验结果证明，在金鱼卵子中，卵球赤道线以下植物性半球的一边，的确含有一种有关个体形成的物质。它在发育早期由植物极性逐步流向动物极性，而且它的分布并不一定和卵子的第一次卵裂面一致，它是形成鱼类完整胚胎发育不可缺少的物质基础。鱼类受精卵早期分裂形成的细胞能发育成完整的胚胎，是依据各细胞含有个体形成物质及该物质的量决定的。当时大多数欧美学者认为，鱼类受精卵分裂早期的细胞都是等能的，每个细胞都有组织形成完整胚胎的能力。童第周的实验结果明确而有力地向这一观点提出质疑，他的《鱼类卵子发育能力的研究》等论文成为鱼类实验胚胎学方面的重要文献。

童第周凭借一个个实验结果，在生物学界声名大振。时任国民政府教育部长的朱家骅极力想拉拢童第周，恰好当时教育部需聘请几位视察员，他便力请童第周出任。童第周早年在国民政府中的任职经历让他早已洞察这些徒有虚名的"官职"的真面目，便以自己不是搞教育的人作托词，想拒绝这个职位。但郭任远劝他："蔚孙，你若不应承，朱部长脸面上过不去，说不定以后学校申请经费也难办了。"考虑到科研教学经费和生物研究的长远，童第周只得勉强答应下来。

不久，童第周与其他几位视察员一起到昆明"履行"职责。他们巡视的第一站是西南联大。刚到西南联大，童第周就隐约感觉到气氛异样，陪同视察的多是国民党官僚，他们将童第周一行看成朱家骅的亲信，卖力地讨好奉承。为人诚挚的童第周对此极度反感，好在他们一行人只是去做做样子，并没有实际的工作要做。当时教育部也已另派他人，没待两天，这些视察员就离开了，此后再也没去过其他地方。

## 6. 与"三青团"的两次交锋

在重庆期间,正直而爱国的童第周还经常与国民党的腐败官僚做针锋相对的斗争。比如,李约瑟拜访童第周后,国民党政府听说了这件事,也开始关注童第周。他们想利用童第周的威望,拉拢一批知识分子,于是很热情地想拉他加入国民党。不久,童第周家里来了几个自称是"三青团"的人,说要拜见童第周。

"三青团"是三民主义青年团的简称,是抗日战争时期由蒋介石一手扶植建立起来的青年政治组织,直接听命于国民党。蒋介石以国民党总裁的身份兼任三青团团长。后来这个组织逐渐成为国民党实行一党专政及进行反共内战、镇压爱国民主运动的帮凶。

"三青团"的负责人见到童第周后,满脸堆笑地奉承道:"早闻童先生有大学问,今日竟能让国际友人亲来拜访,实乃祖国之光啊!我受镇长之托,特地前来看望您,以表示对您的嘉奖之意!"

童第周很平静地说:"我只是一个科学工作者,若能科学救国,当然责无旁贷。我想只要是爱国的知识分子,都会义不容辞这样做,并没有什么值得夸耀之处。"

"三青团"负责人一听"救国"二字,也赶紧附和道:

"童先生果然是国之栋梁。不过说到救国,光凭知识分子的力量,到底弱了点,还是要倚靠国民政府啊!"

"国民党,国民党……"童第周波澜不惊,只是重复念了两遍国民党。"三青团"负责人见状,以为大有拉拢的希望,又接着游说道:"童先生学贯中西,在国内高校中有一呼百应之力,国民党很愿意和您这样的人才合作,不知童先生是否有意加入国民党呢?"

童第周心中暗自发笑,看来这个负责人对自己的了解并不彻底。他想借机拆穿国民党拉拢知识分子的阴谋,便略施小计道:"既然你们认可我是人才,那像我这样的人加入国民党后,待遇如何啊?"

"三青团"负责人喜不自胜,立即从口袋中掏出一张加入国民党的申请表,递到童第周面前,拍着胸脯对童第周承诺道:"童先生,这是入党的申请表,只要您正式加入国民党,兄弟保证,到时候您只要尊口一开,想要什么都有。"说罢,他抬头打量了一圈童第周的屋子,接着说,"您现在身居陋室,吃穿用度上恐怕也很委屈。只要您入了国民党,这些都不再是问题。再说,兄弟听说您做实验也缺少器材经费,这个也是小事一桩,国民党会帮您偿还欠款、购置实验仪器。另外,再从我们'三青团'里挑几个能干的人手,给您当实验助手,这样夫人就能安心相夫教子了。您看,这么安排怎么样?"

童第周听了,微微一笑,对一脸谄媚的"三青团"负

## 第三章　心怀报国梦

责人说:"请我加入国民党,待遇也不过如此嘛!"

"三青团"负责人有些着急,生怕童第周改变主意,赶紧补充:"怎么会只有这些呢?只要您入了国民党,条件任您开,包您满意!"随后,他又喋喋不休地说,"国民党的宗旨是三民主义,视民族利益为最高利益。童先生只要帮国民党达到了目标,还怕得不到想要的东西吗?"他一边说,一边意味深长地看着童第周。

童第周再也按捺不住胸中的怒火,他拍案而起,大声呵道:"不用再说了。你们嘴里的那套三民主义到底怎样,我心里很明白。如今国家深陷危难,民众更是在水深火热中挣扎,你们竟恬不知耻,以国家之名义尽填私人之欲壑,良心何在?"稍微平息了愤怒后,童第周接着说,"听说国民党的军队里流行什么'五子登科'和'三洋开泰',国家花费精力、钱财培养的这些军官不可谓不是人才,可是待到国家要用他们的时候呢?一个个脑子里装的净是买金子、占房子、吃馆子、玩戏子、嫖窑子的肮脏事!这还不够,还要攀比排面,捧洋货、爱东洋、要现洋。这样的国民党人才,怎么对得起孙文先生的三民主义?"

童第周一番义愤填膺的驳斥让"三青团"的负责人尴尬不已。他收起刚才的谄媚之态,假意关切地对童第周说:"童先生,兄弟劝您谨言慎行啊。这些话您在家里关起门来说说就算了,若是被别有用心的人传扬出去,到时候有人说您是共产党,那不是自讨苦吃吗!"

童第周知道这些假意的"规劝"实则是威胁，便义正辞严地说："我是科学工作者，对政党、政治毫无兴趣。要说加入什么党，我可以明确告诉你，我在当学生的时候就加入过国民党。至于这个政党的真面目，我比你看得清楚，现在你不必再白费口舌哄我加入，恕难从命！""三青团"的负责人在童第周这里碰了一鼻子灰，只好灰溜溜地离开。

还有一次，"三青团"的一个学生欺凌另一个学生，强行让他在复旦大学门前罚跪。复旦大学的洪深教授路过看到这一幕，走过去问这个学生为什么跪在那里。学生委屈地说："'三青团'非说我犯了错，逼我在这里跪着，否则就要被毒打一顿。"

洪深听了非常气愤："这简直是欺人太甚，没有证据就乱罚人！是谁给他们的权力能随便处罚学生？你站起来，不要再跪了。"于是，这个学生起身回家了。

"三青团"的人知道这件事后，扬言要"教训"洪深，让他知道多管闲事的代价。一天，洪深走进食堂吃晚饭，"三青团"本想借机"教训"他，但见晚饭时间食堂人多，不好动手，便又威胁说晚上再"教训"洪深。

当时，童第周住在位于北碚复旦新村的教师宿舍，与洪深是邻居。洪深从美国留学归国后一直在复旦大学任教，他经历丰富，参加过左翼戏剧家联盟，是中国新兴话剧的奠基人。抗战时，他成功导演了《法西斯细菌》和《祖国

## 第三章 心怀报国梦

在呼唤》等话剧，是进步知识分子，也曾是童第周的老师，童第周非常尊敬他。

这天晚上，童第周结束了一天的工作，从实验室回到家里。进门前，刚好碰到隔壁一位教授，两人打过招呼后，那位教授便把"三青团"的人扬言要"教训"洪深教授的事情告诉童第周。童第周气愤地大骂他们"无耻"，并与邻近的几位教授相约来到洪深家里，保护洪深。"三青团"的人一时找不到机会下手，只好放弃。

尽管当晚平安无事，但童第周仍认为这件事存在隐患，必须防止意外发生。他向校方提出要求，务必严厉处理"三青团"的不法分子，并提议学校的教授们联名罢教抗议，还亲自起草了罢教声明。因为他在研究所任职，在复旦大学只是兼课教师，无法带头签名，于是他便请外文系主任全增嘏教授带头签名，将罢教声明张贴公示，并给在重庆开会的校长章益发去电报，说明情况。

章益闻知此事，第二天就紧急赶回学校。他先找到"三青团"的负责人、教务长林一民谈话了解情况，然后召集全校师生开会，宣布处分那几个闹事的"三青团"学生，给他们记大过两次，同时发出警告，一旦再次发现他们这样胡闹立即开除，并要求他们向洪深和其他教授赔礼道歉。会议结束后，章益还亲自到洪深家中看望并再次道歉。

童第周与"三青团"的两次交锋都表现得正气凛然，

一方面是因为他心怀坦荡,不屑于向国民党的高官厚禄低头;另一方面则是出自强烈的爱国立场,他恨国民党的专制、腐朽和懦弱。这两次交锋,也让人们看到童第周"威武不能屈"的气节和傲骨。

## 7. 声援学生运动

旧中国的深重灾难无情地考验着整个中华民族,也让每个有良知的知识分子异常沉痛。从小生活在通商口岸,耳闻目睹之下,童第周深知外国势力对中国的蚕食和霸凌,因此他自觉地把个人的命运与祖国、民族的命运联结在一起。从比利时归国后,眼看国内的民族危机日益深重,刚刚投身教育事业的童第周义无反顾地支持学生的正义行动,表现出强烈的家国情怀。

1935年,日本侵略者的气焰更加嚣张,国民党政府对外软弱退缩,对内则实施高压统治,这一鲜明反差激起全国民众的强烈抗议。山东大学的进步学生在中共地下党的领导下,多次发起爱国救亡运动。

一天晚上,童第周正在实验室里加班工作,突然有人跑来通知他,叶毓芬顺利分娩,他们的第二个孩子出生了。他很兴奋,急忙跑回家里。这个时候天色已经很晚了,他远远地看到在一栋教学楼的墙根下隐约站着几个人,正围

第三章 心怀报国梦

在一起讨论什么事情。童第周走近一看,只见墙上贴着一张抵制日货的倡议书,发出倡议的正是他的几个学生。

借着昏暗的路灯,童第周看完这份倡议书。这时他才明白,这几个最近被校方批评为带头"闹事"的"出头鸟"其实都是具有爱国热情和民族气节的学生。他们不愿看到祖国沦丧、为反对日寇侵略所做的努力,深深打动了童第周。

童第周和叶毓芬出于对日本帝国主义的强烈愤恨,平时也坚决抵制一切日货。除了不吃日本菜,不坐日本轮船外,还有一件事,体现出童第周夫妇抵制日货的坚决态度。有一个假期,童第周正与前来拜访的朋友交谈,一个推销商敲响了他家的门,向他推销一款儿童车。这个推销商以前曾上门推销过日货,知道童第周一家拒绝买日货,所以他事先撕下日本商标,换贴国货商标,希望就此蒙骗童第周。没想到童第周和叶毓芬在别处曾见过这种儿童车,一眼便认出这是日货。童第周斥责了推销商的欺骗行为,并当面拜托朋友,回北平后帮他购置一辆国产儿童车。尽管运费高昂,但他坚持这样做。叶毓芬知道后也很赞成他的做法。

现在,学生们发起抵制日货运动,他理应给予支持,于是他从衣兜里掏出钢笔,坚定地把自己的名字签在倡议书上。就在童第周签名的同时,一个反对"闹学潮"的教授恰好路过。他站定后,阴阳怪气地挖苦道:"哎呀,真没想到，童教授竟然支持这些闹事的学生。"

"你错了，我支持的并不是你们所谓的'闹事'，而是这些学生们抵制日货、坚决抗争的气节。"童第周铿锵有力地答道。

"用国货还是日货，这是个人的选择，学生们横加阻拦，实在是意气用事！日货物美价廉，为什么不能买？"那个教授气愤地反问道。

这时，童第周和那位教授周围聚集了不少学生，他们听了那位教授的言论后十分愤慨。就在学生们七嘴八舌地反驳那位教授时，童第周抬手示意学生们安静，然后不卑不亢地回应："你的尊严难道也是廉价的吗？抵制日货不单单是对日本侵略者的抗议，也是让全世界看到我们中国人对待这件事情的态度，看到我们的民族是团结的，国民是有尊严的。学生们愿意牺牲个人利益，正说明他们深爱自己的国家，即使你无法理解他们的情感，也请尊重他们的行动，不要以长者为尊的姿态挖苦和讽刺他们！"童第周的话音刚落，身边就响起学生们热烈的掌声，其中还不乏叫好的声音。

面对童第周义正辞严的驳斥和周围学生不满的目光，那个教授非常恼火，他认为童第周话里有话，表面看是支持学生，实则是在暗示和指责他卖国。他越想越气，竟不顾身份地拉扯着童第周要去找校长评理，学生们赶忙上前阻止了他的无赖行为。

## 第三章 心怀报国梦

1935年12月9日,北平学生掀起了震惊中外的"一二·九"抗日救亡运动。山东大学的学生也积极响应,他们召开大会,高举抗日救亡大旗,组织了山东大学学生救国会,并向青岛礼贤中学、铁中、女中等中学发展,进而组成青岛市学生抗日救国会。他们推选陈延熙、李声簧、王广义、熊德邵等人组成执行委员会,向全国各地发出号召和声援北平学生的通电,呼吁广大学生走上街头,宣传抗日救国。

山东大学的学生运动声势很大,惊动了南京国民政府。南京当局立刻下达镇压学生运动的命令,还逮捕了陈延熙、李声簧、王广义等领头的学生。后来,在山东大学师生们、爱国市民的声援下,国民政府只得释放这些学生。但迫于国民党当局的压力,山东大学召开校务会议,以"行动越轨,破坏校纪"为由,开除了王广义、陈延熙等6名学生。

校方的这个荒唐决定再次激起全校学生的反对,他们派出代表与校方交涉,要求校方收回处罚决定,但遭到拒绝。于是,学生们奔走呼吁,号召大家联合起来罢课,并成立纠察队维持校内秩序,保护被开除的同学。青岛市警察局派人冲进校园,对纠察队的学生大打出手,还抓走了王广义等20多名学生。随后,校方以"结合被革学生,鼓动风潮,破坏校纪"为由,开除了程恒诗等13名学生。

童第周得知此事后,在学校教授会议上提出强烈抗议,反对学校无理处分爱国学生,并请校方同青岛市警察局交涉，释放这些学生。童第周的抗议得到许多教授的支持。校方为避免事态继续扩大，只得出面和警察局交涉。经过全校师生的共同努力，警察局终于释放了全部被捕学生。因为此事，教育部对时任山东大学校长的赵太侔很不满，认为他作风软弱，有纵容学生之嫌。此后，教育部拨给学校的经费越来越少，甚至威胁赵太侔停发经费。赵太侔迫于压力，只得辞去校长一职。

赵太侔辞职后，当局仍不罢休，坚持要求开除为首的学生。在童第周等教授的竭力保护下，校方最后只给周瑛等学生记过处分，并对几名中共地下党员学生采取保护措施，让他们尽快前往重庆，去那里继续战斗。临行前，那些学生来向童第周告别，童第周请他们留下通信地址，后来他们一直保持着联系。此时，学生们已经罢课半个多月，为了保存校内的革命力量，几个领头的学生决定说服其他同学复课。

对于童第周的支持，学生周瑛后来回忆说："在多次学生抗日救亡运动中，童先生始终支持学生，并保护了一些同学，只给予记过处分，我就是其中之一。从这里也可以看出童先生的爱国抗日立场。""我们师生虽然只相处两年，但……至今对童先生的一言一行记忆犹新，他对我的教益是终生难忘的。"

1946年8月，山东大学在青岛复校，赵太侔重新出任山东大学校长，力邀童第周再回山东大学执教。于是，童

第周返回青岛参加复校工作,并担任生物系教授、系主任。叶毓芬也被安排在同系任教,他们从内陆迁回了青岛,并把一直寄养在老家的两个儿子也接到身边。

内战时期,由于国民党反动政府腐败不堪,货币贬值,物价飞涨,全国人民再度陷入水深火热之中,大学教授的生活也日益艰难。有一次,童第周和留校任教的学生李嘉泳闲谈,李嘉泳苦笑着说:"我的工资基本都用来吃饭了,不过吃饱饭总比吃药强。"童第周也深有同感地说:"民间有句俗话,半大小子吃穷老子,我看此话一点都不假。每天看着我那几个孩子吃饭,心里真是又高兴又发愁。"为了让正在发育的孩子们吃得稍微饱一点,叶毓芬有时不得不去田里挖野菜。

更为雪上加霜的是,有段时间教师的工资迟迟拖延不发。童第周作为山东大学教职委员会主席,为了维护广大教师的合法权益,提议教师们罢教抗议。有些教师冷嘲热讽地说:"万一上面不答应,看你们到时候怎么下台?饭碗都要保不住了,还在乎这个?"但大部分教师响应了童第周的号召,开始罢教。起初南京教育部不理睬山东大学教师们的抗议,等到罢教持续了整整一个月后,教育部见教师们毫无妥协退让的意思,只得按标准给教师们补发工资,罢教取得胜利。

1947年6月,在中共地下党组织的领导下,山东大学的学生们在青岛举行了声势浩大的"反饥饿、反内战、反迫害"运动。校长赵太侔陷入了两难的境地，他一方面对腐败的国民政府早已失去信心，不满学生受到打压；一方面又爱惜学生，不愿他们卷入政治斗争，一直努力想将学生留在教室和实验室。他事先得到南京教育部和青岛警备司令部的警告，得知军警已经做好了镇压的准备，担心学生遭到逮捕和枪杀，于是出面劝说学生们放弃游行，但收效甚微。

6月2日凌晨，学生们不顾校方劝阻，坚持游行示威。游行队伍举着条幅，高呼口号，从鱼山路山东大学校门浩浩荡荡地出发了。童第周见很多学生参与游行，担心他们发生意外，便紧跟在学生队伍后面。青岛警备司令部的军警早已用铁丝网封锁了路口，学生们无法进入主干道，只得在路口坐下来。这个地方正好位于童第周居住的第一教授宿舍下面。

这时，校长赵太侔去警备司令部协商解决办法还未返回。很快，军警冲进封锁圈，开始大肆毒打学生，有的学生被军警揪住头发或衣服拖上大卡车，有的被几个军警围住用警棍抽打。在军警刚刚进入封锁圈时，童第周警觉地回到家中，他想找到一个不被军警注意的最佳视角，以便留下军警暴打学生的证据。他回到家时，叶毓芬带着几个孩子正紧张地站在窗口往下看。他和叶毓芬简单说明了游行情况后，两人便到隔壁去找山东大学植物系主任曾呈奎教授。童第周向曾教授说明了想留取军警与学生冲突的证

## 第三章 心怀报国梦

据，义愤填膺的曾呈奎立即回房间取来照相机。这时，楼下的军警和学生队伍已经发生了正面冲突，场面一度混乱，吼叫声、痛骂声、哭喊声不绝于耳。在童第周夫妇的掩护下，曾呈奎教授紧急站在楼上按下快门。他们及时拍下军警殴打学生的场面，并把这些照片提供给当地的新闻媒体。

不过，有多家中文报纸表示为难，不愿就此事展开报道，只有英文版的《民言报》详细报道了学生游行被军警镇压的情况，但遭到青岛市国民党党部的明令禁止。童第周得知这一情况后，担心消息遭到封锁，学生们的努力付诸东流，决心让国人尽知山东近期的动向。第二天，他通过各种途径弄到百余份《民言报》，并亲自列出一个在全国有影响力的教授名单，由曾呈奎、叶毓芬、郑伯林等教授连夜将《民言报》装入信封，邮寄到全国各地，以揭露反动当局的丑恶行径。没过多久，山东大学的学生游行获得来自全国多所大学的声援。

由于军警抓走许多参加游行的学生，童第周和总务长周钟岐等设法营救。他们直接找到青岛警备司令，向他揭露当日军警殴打学生的事实真相，要求立刻释放无辜学生，并将被打伤的学生送到医院治疗。经过童第周等人的据理力争，青岛当局最终妥协，陆续释放了被捕学生。几名中共地下党学生运动负责人和教师也在赵太侔、童第周等人的保护下，保留了学籍和教职。

## 8. 赴美考察迎曙光

抗战时期，山东大学解散时，生物系有一批仪器暂时存放在中央大学。1947年年底，童第周来到南京中央大学与吴有训校长联系移交事宜，准备将这些仪器运回青岛。吴有训热情地接待了童第周，并顺利办理了仪器移交手续。之后，他喜形于色地对童第周说："童教授，有个好消息要告诉你，最近美国洛氏基金会将邀请几位中国著名教授去美国考察讲学，其中就有你的大名。"童第周听了内心有些盘算后，只是礼貌地笑了笑，客气几句便告辞了。

1948年1月，童第周接到美国洛克菲勒基金会寄来的邀请函，请他到美国去考察。到家后，童第周一言不发，只是把邀请函递给叶毓芬。叶毓芬莫名其妙地接过邀请函，展开一看，心中明白了七八分。她见丈夫眉头紧锁，主动问道："蔚孙，你想去吗？"

"眼下还拿不定主意。你知道，我有几篇论文已经在美国和英国发表，现在有机会去美国考察，是个深入研究的好机会。可是，现在解放战争节节胜利，形势一片大好，我想亲眼看到国家解放，不愿意错过这个历史时刻啊！"叶毓芬见他游移不定，便建议他征求几位好友的意见。

之后，童第周与曾呈奎教授商量此事。曾呈奎说：

## 第三章 心怀报国梦

"蔚孙,虽说眼下解放战争的形势很好,但全国解放恐怕还要等一段时间。这次去美国是个了解国际科技发展前沿的好机会,对你将来的研究工作大有裨益,不能轻易错过这次机会啊!"

曾呈奎的话让童第周稍微静下心来,但他依然没有下定决心。就在这时,山东大学中共地下党组织的一位负责同志找上门来。前一年,在"反饥饿、反内战、反迫害"的斗争中,童第周作为山东大学教职委员会主席,一直致力于领导师生同国民党反动派做斗争。中共地下党组织通过这次运动,加深了对他的了解,也更加信任他。而童第周在斗争中得到中国共产党党组织的支持,也非常敬佩他们在国统区的抗争勇气和正义行为。现在党组织派人来找他,他猜想一定有什么重要的事情,赶忙问道:"同志,有什么事需要我帮忙吗?"

"童教授,不必紧张,不是什么大事。我们得知美国洛克菲勒基金会邀请您到美国去考察,想了解一下您对此事的意向。"来人说。

"要论学术研究,我自然是想去的,可就情感而言,我又想在这里和同胞们一起迎接解放。"童第周解释道。

地下党组织的同志思考片刻后,说:"以现在的局势看,全国解放尚需一段时日,您不如利用这次机会先到美国考察一下,到时候再回来迎接新中国。"

"这是党组织的意见吗?"童第周问道。

"当然。"

这次和中共地下党组织的负责人会面后,童第周决定先赴美考察。消息一经传出,各种谣言很快便流传开来。很多人说童第周这个时候去美国,肯定不会回来了;童第周的亲友也劝他尽量留在美国,以后有机会再把妻儿接过去。但叶毓芬坚信童第周不会抛弃他的祖国,她在童第周临行前说:"蔚孙,我相信你是忠于祖国的,到了国外,多学习了解外面的先进成果,回来再报效祖国吧!你放心地去,家里一切有我,你自己多保重!"

这时刚过了春节,也就是1948年2月,童第周告别亲友和同事,第二次登上邮轮离开祖国,远涉重洋去美国考察。童第周抵达美国后,先被聘为动物系教授,在耶鲁大学工作了8个多月,后又应邀到马萨诸塞州的伍茨霍尔海洋生物研究所担任研究员,并被英国剑桥大学聘为客座研究员。同年3月,身在大洋彼岸的他得到消息,他在国内被选为中央研究院院士。

童第周刚到美国时,国内正在进行解放战争,因此很多华人来向他打听国内的情况。童第周一向憎恨腐败的国民党政府,便直率地说出自己对时局的看法。也因此,许多人认为他是共产党员,对他唯恐避之不及。

有一次,耶鲁大学教员会邀请童第周参加会议。童第周在会上介绍了国内战争的情况,并发表了时局评论,措辞激烈地批评了国民党的统治。会议结束后,两位华裔教师把他叫到一旁,好心劝他:"童教授,你要小心啊,这里有许多国民党的眼线、特务,还是谨言慎行为好。假若你在这里说的话传到他们的耳朵里,再传回国内,恐怕你就危险了。"童第周谢过他们的好意提醒,但对国民党反动统治的批判态度始终如故。

当时华盛顿大学有一位教授因为思想激进被学校解聘,他来找童第周,开门见山地问他:"童教授,你是共产党员吗?"童第周回答:"很抱歉,我不是,但我对国民党的统治很不满。"

出于对童第周安全的考虑,他的一些美国朋友力劝他不要回国,美国有优越的研究条件和优厚的待遇。但童第周坚定地拒绝了他们的好意:"我是一个中国人,我毕生最大的愿望就是让中国尽快富强起来,不再受人欺侮。我在国外学到的科学知识,毫无疑问应该首先为中国服务。现在我的祖国好不容易有了希望,我要赶快回国去!"

童第周在美国发表的一些言论最终还是传到了国民党当局的耳朵里,在那个风声鹤唳的特殊时期,他们将童第周直接划归为"赤色分子"。童第周的学生吴尚懃专门写信告知童第周国内的情形,信中说,国内的谣言对童第周很不利,一旦回国可能被捕,请童第周务必当心。尽管如此,童第周回国的决心依然没有改变。

1949年4月20日晚,人民解放军发起渡江战役,以摧枯拉朽、排山倒海之势直逼南京。远在美国的童第周得知国内情形后，大为振奋，他依稀看到了新中国的曙光，于是毅然决定回国。

　　为了避开国民党特务，童第周用假名威尔逊买到回国的船票，乔装打扮后秘密登船回国。当船到达青岛港口时，叶毓芬、曾呈奎等人去码头迎接他。在等待的过程中，曾呈奎恰巧碰到青岛警备司令部也有人来码头接人。曾呈奎紧张地捏了把汗，青岛警备司令部的人认出曾呈奎，问他来接谁，曾呈奎只得实言以告，说他们来接赴美考察的童第周教授。警备司令部的人压低声音提醒，童第周被认定为左派，已经被定成监视对象。在场的很多人担心童第周的安危，等他下船后便劝他先去大连避风头，但童第周坚决不去，他说："一个即将倾覆的党派政权，自己都泥菩萨过河，怕它做什么！"

　　中华人民共和国成立前夕，国民党政府紧急动员大批文化名人、科学家撤往台湾。当时中央研究院的81位院士围绕是否迁往台湾的问题展开激烈的争辩，童第周与其他58位院士一起反对去台湾，坚决要求留在大陆迎接全国解放。

## 第四章　甘当"拓荒牛"

面对新生的中国,面对百业待举的局面,童第周激情澎湃,他更加忘我地投入工作中。其间不乏艰辛酸楚,可他仍执着坚定,毫不动摇。面对虚名与高位,他淡泊处之、无欲无求,将全部心血倾洒在奋斗一生的事业上。

## 1. 欣欣向荣的生物学

　　童第周从美国考察回国后,调任山东大学动物系主任。不久之后,1949年6月2日,青岛解放,青岛市军管会派军代表罗竹风接管了山东大学。此时的童第周仍然是学校维持委员会的领导成员之一。

　　由于沾染了数十年旧时代官僚派系斗争的习气,教师队伍成分复杂,明争暗斗随处可见。

　　罗竹风面对山东大学错综复杂的局面,一时难以把握,找不到恰当的工作方式,以致教授内部的派别矛盾日益激化。这时,童第周站出来发声,他给罗竹风的建议是首先广泛听取多方面意见,了解情况、理清头绪后再做判断。经过童第周等教授的协调,山东大学的局面渐渐稳定下来。

　　3个多月后,毛泽东主席站在天安门城楼上向全世界宣布中华人民共和国成立。全国各地的报纸争先报道此事,

## 第四章 甘当"拓荒牛"

全国人民欢欣鼓舞地庆贺新中国诞生。青岛市内到处张灯结彩、鼓乐齐鸣,民众纷纷涌向街市,兴高采烈地相互致意。童第周一家也在庆祝的人群中,他们亲眼看见五星红旗第一次在青岛上空高高飘扬。那热烈的气氛,让所有人都深切地感受到新中国的诞生给全国人民带来的无限希望。

新中国成立初期,人们的工作热情异常高涨。童第周和其他教授一起,主要从事山东大学的恢复工作。他像一台永动机一样不知疲倦。每天清早洗漱完毕后,他站在桌旁草草吃两块点心就去上班,中午连午休时间也用来工作,更不用说周末的休息时间了。虽然很辛苦,但当他看到教学楼和实验室内窗明几净、仪器整洁的新面貌时,内心无比舒畅快活,油然而生一种从未有过的主人翁之感。

一天晚上,回到家中,童第周在与叶毓芬闲谈中有感而发:"为了建设我们的新国家,全国上下干得热火朝天,咱们真是赶上好时候了,我最近老觉得浑身充满使不完的干劲。"

"是啊!想当初打仗的时候,咱们要想做些研究,真是一步一个坎,有时候还要提防别处射过来的明枪暗箭。要不然就是缺东少西,很多实验想得很好,可就是做不了,那时候真是觉得没希望了!"一直以来,无论在工作还是生活中,叶毓芬都任劳任怨,这还是她第一次向丈夫倒出心底的苦水。

童第周看着消瘦的妻子,想到这十几年来她的付出和艰辛，内心涌出几分愧疚之情。"毓芬，咱们委屈的日子过去啦，以后会越来越好。咱们现在还有不少债务吧？"童第周试探地问道。

"嗯。在李庄买那台显微镜的时候，我找余姐借的钱还没有还。没想到一欠就是这么多年。"叶毓芬回答。

"不要紧，现在咱们都有了稳定的工资收入，每个月省出来一点，攒一攒，说不定再过一两年就把债务还清了。"童第周安慰妻子道。

第二天早上，童第周刚到学校，就听到背后一个熟悉的声音在叫他。转身一看，原来是系里的党支部书记。党支部书记走上前来，递给他一张汇款单。童第周很纳闷，他在北京没有亲戚朋友，谁会汇钱给他呢？他接过汇款单，看了看，说道："书记，我已经拿了国家发给的工资，怎么能再要这笔钱？您还是拿回去吧。"说完，他把汇款单退还给党支部书记，然后转身走开了。

到下午，党支部书记又拿着汇款单来找童周第，童第周还是拒收，他说："我不知道这笔钱的来路，不能收。现在国家正在搞建设，四处里都需要钱！我怎么能占国家的便宜呢？您帮我把汇款单退回去吧！"

党支部书记笑着说："童教授，我已经把你的意思向上级报告了，可上级领导说这笔款是专门让你还清债务的，我看你还是收下吧。这是中央专门寄来给你的！"

党支部书记提到了"中央"，这让童第周异常惊讶：

## 第四章 甘当"拓荒牛"

"党中央？他们怎么会知道我的事情呢？"尽管他很感激党中央的关怀，但还是不肯收下这笔钱。

这天傍晚，童第周一家正在吃晚饭，党支部书记和学校党委书记来到了童第周家。党委书记说："童教授，这是中央特意汇给你们的一笔钱，专款专用，您就不要再推辞了！"

"这可如何是好，要党帮助我们还清债务……"童第周不好再推辞，只能接过汇款单，他激动得眼泛泪花，坐在一旁的叶毓芬见了汇款单，也万分感激。

原来，山东大学党委获悉童第周在抗战期间为了购置显微镜欠下一笔巨款以致家庭生活大受影响后，便在未征求童第周个人意见的情况下，专门向中央人民政府高等教育部（以下简称"高教部"）打报告说明此事。高教部十分重视，很快就批下来这笔款项，其数额正好与童第周夫妇购买实验仪器所欠的债额相等。真相大白后，童第周和叶毓芬夫妇大受感动，他们感谢党中央对自己的关怀，并更加专注地投入生物科学研究中。

对文昌鱼卵子发育的研究，是童第周在新中国成立初期最有代表性的工作之一。

文昌鱼在海洋生物进化史上有重要地位，是研究脊索动物演化和系统发育的优良科学实验材料，具有重要科学价值。它一般只有5厘米长，形似小鱼，无头，两端尖细，体侧扁。它们生活在海底，白天将下半身埋在沙中，仅露出前半部，到晚上才在海中觅食。文昌鱼的寿命仅两年多，产卵季节只有短短两个月，一生仅能繁殖三次。

作为脊椎动物的祖先，文昌鱼在世界上的分布区域很有限。最初只在北美洲的某些海域发现过，直到 1923 年，在厦门大学任教的美籍动物学家赖特教授在厦门刘五店附近的沿海地带发现了文昌鱼，并认为这里是世界上文昌鱼最密集的生长地。继赖特教授之后，1935 年童第周在青岛海滨寻找、研究海鞘的过程中，又无意中发现了文昌鱼的踪迹。后来在我国烟台、茂名、海南等地也陆续发现了文昌鱼。

国际上最早对文昌鱼进行研究的是 18 世纪的德国科学家帕拉斯，但他认为文昌鱼与软体动物相似。此后，德国科学家哈谢克和法国科学家瑟尔泰恩分别于 1881 年、1906 年基本弄清了文昌鱼的发育过程，美国的威尔逊、康克林等著名生物学家也于 1893 年、1933 年对文昌鱼的发育进行过研究。但因文昌鱼生活在海底，而且产卵季节短，他们没能掌握它的产卵习性，只能在文昌鱼产卵的季节乘船到海上捕捞，得到珍贵的成鱼后，来不及回到实验室，立马在船上观察，因此实验的精确度大受影响。尽管实验进展缓慢，但通过他们的实验，国际生物学界达成了共识，那就是文昌鱼卵子的发育基本上呈镶嵌型，没有调整作用，也没有诱导现象。

对文昌鱼进行系统研究是从童第周开始的。童第周认

## 第四章 甘当"拓荒牛"

为,国际上的文昌鱼实验胚胎学研究之所以一直没有取得较大进展,主要是因为文昌鱼卵子的获取难度大。所以,他决定首先解决文昌鱼的卵子来源问题。

研究工作开始后,童第周尝试了许多方法,终于成功解决了人工饲养文昌鱼的难题——他专门安排两名有经验的捕捞工人每天出海去打捞文昌鱼。文昌鱼捕捞回来后,放进实验室的海水鱼缸中,利用人工通气和投喂饵料的办法进行饲养。科研人员经过观察,发现文昌鱼一般在下午6点到晚上9点间产卵和受精。这时,研究人员就要一直守在鱼缸旁边,一旦发现水中出现受精卵,立刻用吸管把受精卵一个个吸出来,放到培养皿中,然后用消毒过的海水冲洗掉卵膜表面的杂质和沙粒,再分别装到解剖杯中,交由童第周做下一步的研究实验。

童第周和叶毓芬、吴尚懃一般在下午6点前来到实验室,通常他们会一直工作到深夜一两点,第二天早晨再来察看实验结果,然后把标本交给技术员做成切片,再用显微镜进行观察。这种实验往往要持续一个月左右,十分辛苦,但值得欣慰的是,他们的汗水最终换来了宝贵的实验结果。

人工饲养文昌鱼后,他们发现了文昌鱼喜爱温暖水质的生活习性。此后,为了让文昌鱼经常产卵,童第周设法控制温度,延长产卵期。1952年,童第周以人工授精的方法在实验室里获得文昌鱼的受精卵,经观察,这些受精卵的发育与正常受精的卵子并无二致。童第周还注意到,能够进行人工授精的文昌鱼卵子似乎必须等到适当成熟的阶段,也就是自性腺取出后能自由分散的卵子,才有可能人工授精成功。这一观察发现推翻了康克林等国外科学家认为文昌鱼不能人工授精的结论,使童第周等人的实验工作在世界生物学界的同类研究中取得领先地位。

由于文昌鱼的产卵期是在炎热的夏季,童第周和其他科研人员常常冒着酷暑从白天一直工作到凌晨。为了保证实验的精确性,童第周往往要同时进行多组解剖观察,工作量很大。除了文昌鱼,实验室里还有其他鱼类研究课题,科研人员经常不得不连续工作10多个小时,童第周有好几次都累倒在实验室里。功夫不负苦心人,很快,我国对文昌鱼的研究便在国际上异军突起。不仅首先掌握了文昌鱼的饲养、产卵和人工授精技术,为系统研究文昌鱼的胚胎发育奠定了基础,还在文昌鱼胚胎发育机理的研究方面取得重要成果。

这些研究成果进一步证明,文昌鱼在海洋生物进化史上的地位是介乎无脊椎动物和脊椎动物之间的过渡类型。而它的发育模式,也为生物进化学说中的一种解释提供了依据,那就是文昌鱼在进化过程中是起源于无脊椎动物中的棘皮动物纲。

从1958年开始,童第周陆续发表了一系列有关文昌鱼的研究成果,成为国际上最权威的文昌鱼研究专家。他绘制的文昌鱼胚胎发育预定器官图谱，多年来被世界各国的胚胎学著作广泛引用。对于这些独创性的成果，很多学者建议他汇总成书，但童第周却说："写书牵扯到同一件事情的不同观点，要查看很多资料，太浪费时间，不如多做试验。"他不愿意把时间"浪费"在文献堆里，因为他还计划在生物研究领域开发更多更新的课题。

在研究文昌鱼的同时，1950年，童第周还与叶毓芬、吴尚懃合作开展了硬骨鱼胚胎发育的研究。经过5年的研究，他们发现硬骨鱼卵子在受精后，植物极的一侧有一圈细胞质流入胚盘，如果缺少了它，胚胎就无法形成。他们将这部分至关重要的细胞质称为"组织物质"。通过反复实验，他们证明了机械力量可以加速组织物质的流动。也就是说，人为的机械干预可以促进硬骨鱼胚胎形成。

他们在研究中还发现，在胚胎的不同发育阶段，甚至成体的已经分化了的细胞，如果将其细胞核移入去掉了细胞核的卵子，同样可以形成完整的胚胎。这说明这些细胞核是等能的，还说明细胞质在细胞分化中起重要作用。这些研究成果为后来开展生物细胞核移植研究工作提供了科学依据。

总之，在新中国成立后，随着科学春天的到来，童第周的生物研究也进入了欣欣向荣的发展阶段。他的研究推动了中国生物胚胎学的发展，使新中国的生物研究能力接近当时的世界最高水平。

## 2. "被迫"上任的副校长

1950年，山东大学校长职位空缺，中央决定调一位党员干部担任，最后选中了华岗。他曾翻译出版了《共产党宣言》，著有《辩证唯物论大纲》，担任过共青团中央宣传部长等重要职位，是少见的学者型中央高层领导人。他在青岛年青一代的知识分子群体中，是有口皆碑的，是山东大学校长最好的人选。华岗上任山东大学校长兼党委书记前，已在山东大学授课半年有余，对学校情况有了初步了解。他认为童第周是一位富有爱国赤诚、颇有学术造诣、在师生中间很有威望的教授，因此非常欣赏他。

1951年年初，华东大学并入山东大学。在筹建山东大学新的领导班子时，华岗找到童第周，并表达了想让他出任山东大学第一副校长的想法。但童第周对仕途毫无兴趣，唯一能让他全心投入的就是科学研究。因此，他婉言推辞道："华校长，我向来没有行政手段和政治头脑，就不做这个官了吧。我想，学校里还有更适合这个职位的教授，您不妨再找找他们。"华岗继续劝说，但童第周似乎吃了秤砣铁了心，坚决表示不当副校长。两人各持己见，谁也说服不了谁。

时任高教部部长的杨秀峰得知这一情况后，立刻让高教司副司长张宗麟去开导童第周。张宗麟是中国幼教的先驱者之一，做事认真谨慎，工作能力突出。童第周对张宗麟以礼相待，但对他的劝说仍然"无动于衷"。最后，华岗假装生气地对童第周说："童教授，您如果不出任副校长，那我也不干了，请高教部另派校长吧！"张宗麟一看情形不妙，便对童第周说："童先生，是党决定要你当副校长的啊！"

童第周一听，不再像前几次那样断然回绝了。他想，如果不是中国共产党拯救了中国，那么自己的科学事业还会像从前那样在艰难中挣扎向前，中国共产党对知识分子珍惜爱护、坦诚相待，现在党需要他做些事情，他又怎能一个劲地推诿呢？此时正是自己报答党的时候，理应听党指挥。想通了之后，他终于接受了这个任务。见童第周答应出任副校长，华岗和张宗麟第一时间向高教部汇报情况。1951年3月13日，高教部回电："任命华岗为合并后山东大学校长，童第周、陆侃如为副校长，在明令公布前先行到职视事。"1951年9月3日，毛泽东亲自签发了童第周任山东大学副校长的任命书。

1952年夏，在学习苏联经验的运动中，高教部开始进行全国高等院校的院系调整工作。在这次院校合并中，山东大学确定了"文史见长，加强理科，发展生物，开拓海洋"的办学方针，从原先的18个系中分出10个系科和其他院校组建成 10 所高等院校，留下中文、历史、外文、数学、物理、化学、生物、水产 8 个系。此外，增设海洋学系，建立文学历史和海洋物理两个研究所。海洋学系和海洋物理研究所的设立，对后来中国海洋事业的发展具有重大意义。1958 年 10 月，山东大学奉命迁往济南后，留在青岛的海洋、水产和地矿三个系组建成山东海洋学院，即现在的中国海洋大学，是中国第一所专门培养海洋科学技术人才的多学科理工大学。

童第周作为山东大学的副校长，主要负责科研管理工作，还兼任动物系主任。为了培养良好的学风，尽管有许多行政工作，但他每天雷打不动地到实验室做实验，这一举动极大地带动了动物系师生的研究积极性。他还利用自身的学术优势和人际关系，培养、招聘了一批国内外知名的专家学者。当时他在中国科学院海洋所兼职，于是抓住一些专家到青岛避暑的机会，邀请他们积极开展学术交流活动，对提升山东大学海洋生物专业的学术水平起到很大作用。

在这期间，他和华岗、陆侃如精诚合作，三人相互尊重，同心协力，开拓求新，使山东大学形成以文史见长的办学特色，呈现出一派生机勃勃、兴旺发达的气象。在山东大学的校史上，这个时期被称为山东大学的"第二个黄金时代"。

在与华岗搭档的日子里，童第周的心情非常舒畅。

在他眼中，华岗不但是一位优秀的马克思主义理论家和社会科学家，而且是知识分子的良师益友。他懂政策，有能力，会办学，在他的管理下，童第周、陆侃如的副校长的职权得到保障，学校事务都由三人共同商议决定；他还极力支持童第周开展海洋研究事业，童第周的才能在他的领导下得到了充分的发挥，我国海洋研究工作也有了突破性的发展。

　　后来谈及华岗对自己的影响，童第周感慨地说："是华岗校长讲的马克思主义哲学让我懂得了辩证法，所以我之后才能到北京中国科学院，在生物研究中有了新突破，在科学研究中做出了成绩。"1953 年，童第周著名的《胚胎学和辩证唯物论》一文发表在《山东大学学报（理学版）》的第 1 期上。在这篇学术文章中，童第周对自己前半生的科学成就以及当时胚胎学研究的进展做了一次系统总结。他深刻地意识到，如果没有深厚的哲学修养，没有深厚的科学史修养，科学研究很难有新突破。正如他在文章结尾所说："在以后的工作中，我们如果能肃清唯心的、形而上学的观念，以辩证唯物论的观点与方法去研究胚胎学，我想在胚胎学中一定能创造一个新的纪元。"

## 3. 筚路蓝缕启山林

在山东大学任职期间,童第周对文昌鱼的实验胚胎学研究有了突破性进展,而许多新的研究课题也陆续摆在他的面前。要解决这些问题,仅靠个人力量是不可能的,必须依靠集体的力量。因此,当务之急是成立一个专门的科研机构。

1949年7月,中华全国自然科学工作者代表会议筹备会在北京召开,决定成立中国科学院。当时留在青岛的少数海洋科学家童第周、曾呈奎等受邀出席会议。童第周和曾呈奎得知竺可桢是筹备中国科学院的领导人之一,便利用这个机会向他建议在青岛成立海洋研究所,这一想法得到竺可桢的认可和支持。10月,中央人民政府委员会第三次会议任命郭沫若为中国科学院院长,陈伯达、李四光、陶孟和、竺可桢等为副院长。10月26日,童第周和曾呈奎联名给陶孟和、竺可桢写去一封信,正式向中国科学院提出在青岛建立海洋生物研究所的建议。信中说道:

海洋之发展,亦为中国目前要务之一。盖不但渔业、水产之研究,在经济上有莫大之价值,即国防、航海、气

## 第四章 甘当"拓荒牛"

象等问题有待于海洋之研究者甚多。中国海岸线长达一万八千余公里,迄今尚无一较有规模可作研究之所。战前厦门、烟台、定海等处曾有小规模海洋生物研究所之设立,然仅限于生物之调查。青岛地点适合,气候宜人,为太平洋西岸最适于研究海洋之处。……现科学院业已成立,对于海洋科学,谅必有详细之计划,甚希望能在青岛设一国立海洋生物研究所。盖不独地点适宜,即以人才言,山东大学之动物系、植物系、水产系等均可就地帮忙(曾呈奎研究藻类学、海洋生产力及海洋化学,赫崇本研究海洋气象物理学,童第周研究发生生理学……)。若再集合各方人才分工合作,理论与实际兼顾,将来之发展必大有可观也。

1949年11月1日,中国科学院正式挂牌办公。11月21日,陶孟和、竺可桢复函:"和等职责所在,对于各种科学研究,应求次第发展以应建设之需。承示各节,当在专门委员会中提出讨论也。"不久,讨论通过,在青岛建海洋研究机构的事情最终确定下来。但考虑到当时我国海洋科研水平还很低,海洋生物方面的研究人员不足30人,所以决定先在青岛成立海洋生物研究室。

1950年8月1日,中国科学院水生生物研究所青岛海洋生物研究室成立,童第周担任主任,曾呈奎、张玺为副主任。研究室又设有5个研究组,分别致力于海洋无脊椎动物、海洋植物、浮游生物、鱼类、生理胚胎和环境 5 个方向的研究。这是中国现代海洋科学全面、系统、规模化发展的开端。这个新的研究机构由 28 人组成，从 1950 年 3 月开始商调人员，协调筹备，到 8 月份，人员、设备、图书资料到位后，科研工作便正常运转起来。

从 1949 年 11 月中国科学院正式成立，到 1950 年 8 月青岛海洋生物研究室开始运转，不到一年的时间内，机构设置、人员调动、资源配置等各方面完成统筹协调，不得不说这是一个奇迹。植物学家吴征镒回忆当时的情况，提到了童第周："在这一过程中，童第周所表现出来的直爽、民主、宽厚、不计得失，是促进这一过程顺利进行的重要因素，给人们留下了极深的印象。"

青岛海洋生物研究室成立的这一年，童第周 48 岁。距离从比利时回国，已经过去整整 16 年。一生中最好的年华都在动荡不安中度过，如今年近半百，他终于有了一间安静的实验室。

1953 年 4 月，在中国科学院院长郭沫若的大力推荐下，周恩来总理任命童第周为中国科学院水生生物研究所副所长。1955 年 6 月，童第周又被选聘为中国科学院首批学部委员（后称为"院士"）、生物地学部常务委员。

1956 年 2 月，中央决定成立国家科学规划委员会。在周恩来和科学规划委员会负责人陈毅、李富春、聂荣臻的组织下，数百名科学家集中一处，开始编制中国历史上第

## 第四章 甘当"拓荒牛"

一个科学技术发展规划——《1956—1967 年国家科学技术发展远景规划纲要》（简称为"十二年科技规划"）。青岛海洋生物研究室的童第周、曾呈奎、毛汉礼等多位科学家也参与了讨论。在他们的建议下，"中国海洋的综合调查及其开发方案"作为 57 项国家重点科学技术任务之一列入规划。在"十二年科技规划"的修正草案中，明确提到海洋综合调查的技术任务为"大力开展海洋水文、气象以及生物、地质化学等方面的综合调查，编制和出版海洋图集。通过资料分析、模型实验和理论研究，掌握我国广大近海地区海流、潮汐、海浪的特征及其变化的规律，以建立海洋水文、气象预报系统。进行海洋生物、化工原料和矿产的调查研究，了解这些资源的分布，掌握经济海产生物的生活习性。此外，为了防止海港泥沙、生物、化学成分等对于船舰及海港建筑物的危害，还应当研究港湾泥沙淤积和防治海港建筑、船舰遭受海中有害生物破坏及化学腐蚀等问题"。这些技术任务为后来中国海洋科学和海洋事业的发展指明了方向，而这一开创我国海洋科学事业新纪元的重大事件，也被载入中国海洋科学发展的史册。

1956 年夏天的一个早晨，童第周正在校园里散步沉思，研究室党支部书记突然叫住他，对他说："童教授，告诉您一个好消息，中国科学院成立了四个学部，决定由您担任生物地学部的副主任，刚接到通知，请您明天去北京开会。"

许多著名的科学家参加了这次会议,他们热情四溢地响应毛泽东主席提出的"向科学进军"的伟大号召,立志要为国家建设、民族自强鞠躬尽瘁。童第周看到许多老科学家向毛主席建言献策,对新中国发展科学和教育事业抱以无限希望。会议期间,坐在童第周旁边的、时任国务院科学规划委员会秘书长的范长江利用休息时间和童第周交谈。范长江问他:"童教授,就您而言,搞科学研究和在大学里教书,哪个更得心应手?"童第周思考片刻,回答说:"上了科学研究的'火车',就很难下车了,我当然希望把更多精力投入科研工作中。但教书育人也是利在千秋的大事,只是年龄不饶人,精力越来越不济了。"说完,他爽朗地笑起来。

"咱们新中国的科学家们老当益壮,既然您想更投入地做研究,不如到科学院来吧!"范长江就势说出想把童第周调到中国科学院的计划。童第周没有立马给出答复,只说需要再考虑一下。范长江微笑着伸出手握住童第周的手,好像在说:"我在北京等您的好消息。"这年8月,童第周被调到北京,出任中国科学院生物地学部副主任。

刚开始,童第周在中国科学院动物研究所内上班,青岛海洋生物研究室为童第周建了一个小型的实验胚胎学实验室,共有10名研究人员,行政上委托中国科学院应用真菌研究所管理,研究经费由青岛海洋生物研究室拨款。

童第周的行政关系虽然在北京,但他每年大部分时间还是在青岛海洋生物研究室工作。尤其是在文昌鱼产卵的季节，他总要争取回青岛工作一段时间。在他的领导下，青岛海洋生物研究室不断发展壮大，成为新中国海洋科学的启明星。童第周为此付出了大量心血。据当时中国科学院副院长竺可桢的秘书尤芳湖教授回忆，20世纪50年代初，青岛海洋生物研究室的年度计划经常在院务会议上受到称赞，认为它符合科学自身的发展规律和国家经济建设的需要。这些计划为1956年制订"十二年科技规划"中海洋科学的发展规划打下坚实的基础。该研究室聚集了海洋生物学家曾呈奎、张玺、刘瑞玉，鱼类学家张孝威、成庆泰，海洋物理学家毛汉礼等一大批国内最优秀的海洋研究专家。

1957年5月，中国科学院的生物地学部被拆分为生物学部和地学部，童第周担任生物学部主任。不久，青岛海洋生物研究室升级为中国科学院海洋生物研究所，童第周为第一任所长，在职人员也从当初的几十人发展到300余人；到1959年1月，又进一步扩建为中国科学院海洋研究所，在职人员增加到近600人；1960年5月，又增建海洋化学研究室，成为我国一个重要的综合性海洋研究机构。直到1978年，童第周一直兼任所长。

自青岛海洋生物研究室成立到扩建为海洋生物研究所，这一时期，在童第周的直接领导下，致力于全方位海洋研究的科学家们在实验生物学研究领域取得一大批开拓性的成就，并且承担了许多有关经济作物的养殖、有害动物的防治等研究课题。

当时，中国的海水养殖业基本上是靠天吃饭，主要因为那时的苗种基本采用来源不可靠的自然苗，而且管理不够科学，因此产量很低。有一次，童第周看到黄海、渤海一带捕捞的对虾，就问同事们："对虾这么大，能不能人工养殖？"随即向助手吴尚懃提出投入研究的要求。此后，吴尚懃开始在青岛和塘沽展开调查、实验，研究对虾生活史和人工育苗，首次理清了中国对虾的发育史和产卵习性。童第周鼓励研究人员："要克服一切困难，只要在实验室内人工培育一条仔虾，在科学上就是一种成功。"他还到渤海观察对虾幼体的活动，并在实验室展开对虾的人工授精试验。到1960年，他们终于培育出世界上第一批人工培养的中国对虾的幼虾，使对虾的系统研究和养殖技术领先于当时的国际水平。之后，他们从实验中总结出一套对虾育苗的方法，确认水质因子和饵料是育苗成功的关键，而铁的胶体因子在水质中也起到了关键作用。

曾呈奎、吴超元等科学家在海带培育方面也取得了不小的成就。海带原本是分布在日本北海道和苏联库页岛冷温带海域的食用海藻，味美可口，营养丰富，还能防治甲状腺肿大，是一种成本低廉、有益健康的重要海生资源。但海带性喜低温，属于冷温带的孢子植物，不易栽培。对海带有了初步了解后，童第周把海带养殖原理研究确定为

## 第四章 甘当"拓荒牛"

海洋研究所的研究方向之一,由曾呈奎主持这项工作。通过大量的调查研究和观察,曾呈奎等人终于找到了多数海湾不能生长海带的原因,进而提出陶罐渗漏施肥法,解决了海带生长缺氮的关键问题。为了提高海带的单位产量,他们还进行了密植试验,利用日光灯和冰箱创造了海带夏苗低温培育法。为了让海带的培植能跨过长江,1956年曾呈奎还组织开展了海带南移试验,一举获得成功,不久海带便实现大规模养殖。他们还不断总结栽培技术,进一步研究海带的生长规律和环境习性,大胆采用农作物密植方法,大大提高了海带的单位面积产量。到20世纪70年代初期,中国人工栽培海带的总产量已达到30万吨干品,成为中国海洋水产养殖业的领头产业,极大地降低了我国"大脖子病"等缺碘性疾病的发病率。

在此期间,曾呈奎还与有关人员攻克了紫菜苗种没有苗源的难题。20世纪50年代以前,紫菜的生长史和孢子来源一直是未解之谜,紫菜生活史研究是当时国际藻类学界的研究热点。曾呈奎与助手们紧紧围绕这个科技难题在青岛进行多次孢种研究,很快取得关键性的进展。曾呈奎因此成为当时世界上最早突破由紫菜丝状体产生壳孢子,由壳孢子产生叶状体的两位科学家之一,为中国的紫菜人工采苗栽培找到关键突破口。由曾呈奎教授最早定名的"壳孢子"一词,经过数年验证后,得到国际上所有权威藻类学家的一致认定和采纳,并沿用至今。他们的驯种成果在沿海推广后，人工栽培紫菜业迅速发展起来，使中国紫菜年产量达到 1000 多万吨干品，成为世界第三大紫菜国。

20 世纪五六十年代以前，我国的钢铁产量不高，很多海洋船只采用木质结构，也有不少码头、堤岸、桥梁的桩柱是用木头做成。因为木头的材质有别于钢铁，民间有俗话这样说：干木材一千年，湿木材一千年，不干不湿两三年。在空气、水分、虫害等多方面因素的共同作用下，木头制品仅三五年就可能腐朽，于是摆在海洋研究所面前的就是一个防船蛆的问题。船蛆是一种有害的无脊椎动物，它从幼体时便吸附在浸入海洋中的船板上，继而钻入船板内部，侵蚀木板使之腐烂，从而破坏船只。

1953 年，在童第周的倡导下，娄康后等科学家开始深入研究船蛆的防除课题。掌握了船蛆的生活史和生活习性后，他们将涂有各种不同药料的木板置于海水中，一段时间后再检查其被船蛆侵害的情况，从而筛选出既有效又经济的防除船蛆的药物。使用该药物处理后的木板，经浸海试验，5 年后仍有良好的防除效果。此后，科学家们又针对不同的船板研究出相应的处理办法，使新造船与旧船的效用最大化。这些处理方法一经推广，对我国的国防建设和经济建设做出了巨大贡献。

此外，童第周还十分注重对我国海洋资源的调查。1953 年至 1957 年，他组织了规模空前的烟台、威海外海鲐鱼渔场调查，朱树屏、毛汉礼、张孝威等科学家也参与领导调查。这次大规模的海洋综合调查取得了巨大的成果，除直接应用于生产外，还对中国近海海洋环境和资源特点有了初步了解，为后来开展更大规模的海洋调查积累了丰富的经验。

如今，中国科学院海洋研究所已经发展成中国规模最大、整体研究实力最强、学科最全的综合性海洋研究机构，在国际海洋科学界具有极高的地位。而童第周作为它的创始人之一，在海洋研究所的奠基、崛起、发展过程中留下了浓墨重彩的一笔。

## 4. 四国渔业会议的小插曲

1956年，童第周刚被调到中国科学院工作时，恰逢中国、苏联、朝鲜、越南在北京召开四国渔业会议。当时的会议条约由中国科学院负责起草，但周总理对条约草案不大满意，于是派人把童第周请到自己的办公室，就渔业条约听取了童第周的看法。

童第周深知周总理请他到办公室的目的，所以很坦率地说出个人观点："总理，我没有参会，不大了解实际情况，但听说苏联的'勇士'号考察船要进入我国海域考察，这件事一定不能大意。建国以前，日本人长期调查我国海域情况，仅对渤海湾的情况了解较少。现在苏联为什么要继续调查？我们不得不留心。我认为，在与外国商谈海洋工作方面的合作时，要特别注意我们的领海主权。"周总理认真听着，时不时点头表示赞许。

这次会议签订了《关于太平洋西部渔业、海洋学和湖沼学研究的合作协定》，成立了太平洋西部渔业研究委员会，任务是促进缔约各国在海洋和淡水渔业有关研究方面的合作。该委员会下设海洋渔业、海洋学、淡水渔业及湖沼学、渔业资源保护等四个专业组，委员会的常设工作机构、秘书处设在北京。

1957年8月，在苏联首都莫斯科召开委员会第二次全体会议。这次会前，由周总理提议，童第周担任中国代表团秘书长，代表团团长由水产部部长许德珩担任。童第周负责会议组织工作，预先要根据上一年签订的合作协定拟出新条例并在会议上讨论。为了让童第周顺利开展工作，组织上临时给他指派了一位秘书，这位秘书在起草条例时修改了原协定内容。

童第周仔细阅读了这份条例后，发现秘书没有按照四国协定的精神来写，便对秘书说，四国协定是由周总理批准的，这次起草条例要遵守外交纪律，严格按协定精神起草。但秘书不以为意，一字未改地直接给许德珩抄送了一份，许德珩的秘书也没有发现问题，待签字后便请周总理审批。周总理当时没有对照四国协定，未发现条例草案与协定的内容出入，就签字批准了。

童第周作为中国出席四国渔业会议代表团的秘书长，提前在莫斯科做准备工作。他一看条例草案内容不对，当场提出修改，但条例草案最终还是没有改过来。在莫斯科会议期间，苏联方面发现条例草案与原协定内容不符，不同意签字。

场面陷入僵局，当时在场的一位司长对童第周说："这份草案是总理批准了的，已经是铁钉钉的事实了，难道你要改吗？"可是在童第周看来，自己作为中国政府的代表，有责任把好这个关，就回答道："和外国交涉，就要严格遵守外交规范。现在要保证条例草案和四国协定一致，有什么不对吗？"他坚持要求中方按原协定做出修改，一面向苏联专家解释，一面通过时任驻苏大使的刘晓向周总理汇报请示。周总理获悉后马上回复，承认童第周的意见是对的，要求工作人员按原协定内容做出修改。之后，中国与苏联、朝鲜、越南签署了共同条例。

## 5. 遗传学界的"百家争鸣"

20世纪50年代初，全国上下如火如荼地掀起一阵"向苏联老大哥学习"的热潮。这一热潮体现在科学领域就逐渐演变成"倒向苏联""走俄国人的路""不走样地学"等"一边倒"的情形,遗传学领域也出现了一些不正常的现象。

当时国际遗传学界主要的学派有两个,一个是摩尔根学派,一个是米丘林学派。两者主要是观念不同,在工作要求和思想方法上也有不同的看法。摩尔根学派以美国生物学家摩尔根的基因学说为准,师承孟德尔遗传规律,认为基因控制生物的遗传与变异。所以,他们从理论基础出发,目的是弄清遗传与变异的规律。这一派将工作重点放在实验室中,寻找遗传的物质基础和这些物质作用的过程。当前,国际上对遗传理论基础的研究和生产实践的应用,一般以摩尔根学说为依据。米丘林学派则是从生产实践出发,目的是改良和驯化品种,提高农作物的产量和质量。其奠基人是苏联著名园艺学家米丘林,他曾在栽培果树的实践中取得突出成绩。20世纪50年代初,时任苏联农业科学院院长的特罗菲姆·邓尼索维奇·李森科将学术问题高度政治化,成为苏联科学界的政治权威。在实际工作中,他与他的合作者以米丘林的工作为基础,继续研究农作物的遗传和变异,由此发展为米丘林学派。

早在20世纪40年代,李森科就获得了"全苏联列宁农业科学院院士"的称号,之后他在苏联生物科学界的影响力日益扩大。作为苏联科学家的榜样介绍到中国前,他坚持的米丘林生物学已经在苏联被认定为是"社会主义的、进步的、唯物主义的、无产阶级的",而摩尔根学派则是"反动的、唯心主义的、形而上学的、资产阶级的"。米丘林派提出环境与生物体是统一的，生物体的每个部分都能遗传，并否认基因的存在。1950年，苏联科学院遗传学研究所副所长努日金教授访问中国时，也大力宣扬米丘林生物学，公然宣称"新旧遗传学理论的一个根本不同点，是站在什么立场上看问题"。

受苏联影响，米丘林学说在中国生物学界也成为唯一正确的遗传学理论。很多学校的遗传学课程因介绍摩尔根学派的理论而被取消，国内众多坚持该派理论的生物学家如戴芳澜、谈家桢等专家受到压制，遗传学研究也遇到很多阻碍。

在这股政治热潮中，童第周保持了清醒的头脑，他认为米丘林学说只能归入应用科学的范畴，它确实具有一定的应用价值，在驯化或改良品种方面好处颇多，而且方法简单，容易推广，受到广大群众的欢迎；但米丘林学说不属于基础理论的研究范畴，与经典遗传学的研究内容不在同一个层级上。童第周坚决反对米丘林学派只强调外因的作用，而完全否定内因存在的观点。不过，作为接受了摩尔根学派理论的研究者，他对摩尔根学派"只有细胞核中的物质能决定遗传"的说法也持保留意见，认为遗传应该是细胞核和细胞质相互作用的结果。

1953年3月5日，斯大林去世，苏联的文化生活出现了一次解冻，政治对科学文化的钳制作用减弱。1955年年底，300 多名苏联著名科学家联名上书苏联最高当局，要求撤销李森科的全苏列宁农业科学院院长职务。1956 年 2 月，苏联国内开始批判对斯大林的个人崇拜，李森科迫于政治形势提出辞职，并获准允。苏联科学界的震动极大地影响了中国科学界，一直以来推崇米丘林学说的遗传学界一时无所适从，造成学术思想的混乱。

面对纷繁复杂的国际、国内形势，毛泽东主席在 1956 年 11 月召开的中共八届二中全会上提出要从苏共"二十大"与波匈事件中吸取教训。他着重指出，"世界充满着矛盾"，并强调"以后凡是人民内部的事情、党内的事情，都要用整风的方法，用批评和自我批评的方法来解决，而不是用武力解决"。他主张用和风细雨的方法团结全国人民，调动一切积极因素建设社会主义。之后，提倡"艺术上不同的形式和风格可以自由发展，科学上不同的学派可以自由争论"的"双百方针"在知识分子群体中被广泛实践，落实到遗传学界则表现为 1956 年 8 月 10 日至 25 日中国科学院和高等教育部联合在青岛召开的全国遗传学座谈会。

这次座谈会是自然科学界贯彻"百花齐放，百家争鸣"方针的第一次全国性学术讨论会，共 116 位专家、教授和有关领导参加了这次会议。时任中宣部科学处处长的于光远在开幕式上发言，向广大科学工作者传达了中央关于科学发展的建议。

当时童第周已调入中国科学院工作,同时又是青岛市科联主席,而中国科学院是这次座谈会的主办单位之一,青岛市科联则是具体的承办单位。所以,童第周顺理成章地成了这次会议的主要组织者之一。

会议开幕时,童第周坦言当时的中国遗传学界处在一个尴尬的境地:"过去摩尔根学说被批判,我们不敢介绍。现在李森科学说也被批判了,我们的学术研究该何去何从,这是摆在面前的首要问题。"为此,他号召科学家们本着"百花齐放,百家争鸣"的方针,把个人的见解尽情发表出来,"不要怕争论,争论得愈热烈愈好"。

在和谐团结的气氛中,为期 15 天的座谈会顺利进行,与会的科学家们畅所欲言,批评了教条主义,场面很热烈。童第周在会上作了题为"个体发育与遗传的关系"与"细胞质对遗传的重要作用"等发言。在讨论中,他除了指出李森科学派的学术错误外,还说明了摩尔根学派的不足之处,并以自己的实验成果为例进行说明,提出质疑和想法:"应该说基因对遗传是有作用的,但同时对细胞质的作用亦不容忽视,如轴性的决定,各种器官的产生等与细胞质的分化有密切关系……早期的发育主要还在于细胞质。我认为细胞质早就有了分化,细胞质本身有其特性,随着时间或空间的不同,细胞质的一部分可以接受基因的影响,也可以不接受基因的影响,这是细胞质本身的特性,是遗传的。"

在这次会议上,许多科学家心情激动,思想活跃。遗传育种学家李竞雄上台发言的第一句话就是"我是一个摩尔根主义者"。摩尔根学说的继承者、复旦大学教授谈家桢,把多年来积压在心里的话全都倾吐出来,在会上作了题为"遗传的物质基础"等一系列发言。他们踊跃的参与表现,反映了学者们精神上的解放。

童第周在会议闭幕时总结说:"过去对遗传学问题的讨论有顾虑,尤其是关于基因学说,怕被扣上反动的帽子。这次座谈会,各位专家教授打开心扉,畅所欲言,无保留、无顾虑地把过去要说而不敢说的话都痛快地说出来了。今后,我们的科学发展也将向着更高的目标前进。"

会议期间,童第周找到谈家桢,告诉他中国科学院准备建立一个遗传研究所,以适应全国农业发展的需要,想邀请他来担任所长。谈家桢很乐意地表示愿意接受这个安排。随后,童第周正式向中国科学院院长郭沫若推荐了谈家桢,郭沫若也很赞同,但是时任高教部部长的杨秀峰以高校急缺遗传学教授的理由拒绝了谈家桢的调动申请。中国科学院与高教部各有道理,争执不下,最后还是毛泽东主席亲自出面划定"三八线",宣布暂不调人。

对于这次青岛会议,毛泽东主席给予了极大关注。会后不久,他就在中南海怀仁堂接见了时任中国科学院副院长、生物学地学部主任的竺可桢,向他了解青岛会议的情况。他表示对会议的肯定,而且还鼓励竺可桢:"青岛会议开得很好嘛！要坚持真理，不要怕，一定要把遗传学研究工作搞起来。"

会后，曾在留学期间师从摩尔根教授的北京大学教授李汝祺激动地写下《从遗传学谈百家争鸣》一文，刊登在1957年4月29日的《光明日报》上，盛赞青岛会议的成功。第二天，毛主席批示《人民日报》全文转载李汝祺的这篇文章，并亲自将原题改为副题，拟定了一个新的标题"发展科学的必由之路——从遗传学谈百家争鸣"，还写了编者按。在按语中，毛主席强调"对错误作彻底的批判，同时提出恰当的建设性的意见来"。

## 6. 逆境不忘科研

1957年4月27日，中共中央在《人民日报》上发布《关于整风运动的指示》文章，发动了"反官僚主义、反宗派主义和反主观主义"的整风运动。这本是发扬社会主义民主、加强党的建设的正常步骤，在落实过程中，广大群众、党内外人士积极响应党中央号召，对党和政府的工作以及党员干部的作风提出许多有益的批评、建议。但也有极少数顽固的资产阶级右派分子乘机向共产党和新生的社会主义制度发动猖狂进攻，妄图取代中国共产党的领导。在这种情况下，大规模的反击右派的斗争开始了。对1957

年春夏的国内阶级斗争形势过于严重的估计，以及"大鸣、大放、大字报、大辩论"等形式的采用，致使"反右"运动被严重扩大化，成为一场全国范围内的群众性政治运动。一大批坚贞的中共党员、有才能的知识分子、有长期合作历史的民主党派人士等被错划为"右派分子"，卷入这场政治旋涡中。而童第周也险些被划归"右派"。

一天，时任民盟中央常委的童第周路过民盟中央，便走了进去。他看到曾昭抡、千家驹、钱伟长、华罗庚4人正在讨论"科学体制问题"，并拟出几条意见。童第周坐下来听他们讨论了一会儿，没等结束就从屋里出来了。6月9日，《光明日报》发表了由曾昭抡、钱伟长、华罗庚、童第周、千家驹5位教授署名的文章——《对于有关我国科学体制问题的几点意见》，即后来在"反右"运动中被当作"五教授反动科学纲领"的文章。这时，童第周已经回到青岛，叶毓芬看到报纸上的文章后立马告知童第周，要他赶紧声明纠正。华罗庚也在见报后给童第周打来电话，说文章没有经过他们同意，不能署名发表，于是两人联合发表声明，不同意署名。

此时，童第周正准备去莫斯科参加四国渔业会议。周恩来总理召见他时特意就此事问他："童教授，听说商议制订那个科学纲领的时候，你参加了一个小时，最后签字没有？"童第周回答说："我当时路过进去，看他们在讨论就坐下来一起谈了谈，中途就出来了，没有签字。"有了童第周的解释，周总理立即叫外交部部长助理给当时中国驻苏联大使刘晓打电话，说："'科学纲领'跟童第周没有关系，不影响他出访苏联。"

但当时科技界正在进行轰轰烈烈的"反右"斗争，许多思想激进的人纷纷站出来"揭发批判"这5位教授的"反动科学纲领"，他们召开大大小小的批判会，企图把这5位教授都打成"右派"。但因为时任中国科学院党组书记、副院长的张劲夫和党组另外一些领导采取了保护过关的办法，童第周和华罗庚两人才逃过一劫。

1960年，出于管理需要，原属青岛海洋研究所的实验胚胎研究室并入中国科学院动物研究所，由童第周担任所长。同时，生殖生物学家张致一领导的研究组也搬到了北京，与童第周的实验室合并，在动物研究所内成立了发生生理研究室，由张致一、叶毓芬分别担任正副主任。但不幸的是，从1959年到1961年，国家陷入"三年困难时期"，因全国都面临着粮食和副食品短缺危机，科学研究工作无法正常开展，研究室的工作被迫停止。

1961年以后，情况慢慢好转，科研工作也逐渐重回轨道。童第周利用自己在政治、学术上的有利影响，再度领导研究室开展研究工作，使两栖类和鱼类细胞核移植的研究在之后几年中逐步发展起来。

可惜好景不长，1964年实验室的几个研究人员先后下乡去搞"四清"运动，1966年又爆发了"文化大革命"，研究工作只能再度停止。童第周原以为自己工作的研究室是最新加入动物研究所的分支机构，实验人员构成简单，数量也很少，或许能避开运动，继续做实验。但出乎他的意料，动物研究所的运动是中国科学院各个所中最激烈的。许多研究人员受到批斗，而童第周的办公室门上也被贴了一张张大字报，诬蔑他是"资产阶级反动学术权威"。

与此同时，中国科学院造反派还派人千里迢迢赶到童第周的老家搜集他的"黑材料"。刚好童家岙的造反派因童家还有几亩土地，把他家划为"漏网地主"（土改时未定为地主），还把他年迈的嫂子狠狠批斗了一顿。但实际上，早在抗战时，童第周的大哥就曾主张和童第周分家产，但童第周拒绝了。

1968年9月，中国科学院造反派开始对童第周实施隔离审查，诬陷他是"大地主""吸贫下中农的血""镇压学生运动的刽子手"等，给他画漫画，罚他扫地。随后，动物研究所的每一位高级研究员，包括童第周的妻子叶毓芬在内，都陆续被揪出来进了专政队。

不久，造反派又将童第周等人发配到北京郊区的怀柔"劳动改造"。年近古稀的童第周被分派去碾麦子。拉石碾的驴走得很快，童第周跟在驴后边走不了多久，他的身体便撑不住了。

在"文革"的特殊时代背景下，每个人都提心吊胆、噤若寒蝉，唯恐惹祸上身。那个年代，许多人为了自保，不惜歪曲事实,写假材料。"文革"期间,有许多人来找童第周进行"外调"。童第周一生经历曲折,与很多知名人士有过交往,其中不乏国民党的一些高官。因此,许多来外调的人威胁他写假材料,出假证明,但他都坚决拒绝,一律回答"不知道"。造反派骂他"不老实""死不悔改",罚他站在雨中淋雨,称其为"清醒头脑"。有一次,造反派污蔑他到苏联参加四国渔业会议时有卖国行为,实指他按协定修改条例草案之事。对此,周总理的特派联络员刘西尧顶住压力,据理澄清事实,童第周才没有被扣上"卖国贼"的帽子。

在被隔离期间,童第周丧失了搞科研的权利和人身自由,他对外面的情况一概不知,但从自己的处境中也能预料到叶毓芬和孩子们的遭遇。当时,叶毓芬和几个孩子被赶到一间昏暗的小屋居住,被迫参加劳动。有时童第周被拉出来批斗,叶毓芬只能远远地看着批斗台上那瘦弱的身躯,她不禁心如刀绞,却无计可施。

为了搜集更多童第周的"黑材料",造反派劝叶毓芬检举揭发童第周,叶毓芬斩钉截铁地说:"我和他一起生活了几十年,我了解他,他不是你们说的那种人!"对方厉声斥责道:"都什么时候了,你还要保童第周?"叶毓芬从容不迫地回答:"你说保就保吧,我了解他,才保他!"之后,叶毓芬便失去在实验室工作的资格,被派到动物房里喂养实验用的猴子。虽然自己处境艰难,但叶毓芬还时刻牵挂着童第周的安危。

在这"大雪压青松"的特殊年月，叶毓芬和童第周的深情及政治信念在严峻的考验下显得那么坚定、那么高尚。对此，童第周在"牛棚"里夜不能寐，感慨万千，他作了《寄毓芬》一诗，倾诉衷肠。

> 放逐囚禁不须哀，人生自古多变幻。
> 四十年来共欢居，也应自足慰心怀。
> 且忆年年实验节，长夜工作共达旦。
> 独居不堪寂寞时，重整旧作以自解。

1969年，军宣队进驻动物研究所，核查了许多所谓童第周的"黑材料"后，发现均与事实不符。比如材料上说1948年童第周与朱家骅"合谋"把学校迁到南方，事实上童第周那时身在美国，这件事根本不可能发生。经过辨别，童第周在这年3月被解除隔离，但仍要"置于群众监督下劳动改造"。这时他每月只有15元生活费，每顿饭只有5分钱，粗劣的伙食导致他胃病复发并不断加重。

1969年9月，越南社会主义共和国主席胡志明逝世，童第周以全国人大常委会委员的身份参加了悼念活动。这是童第周在"文革"中第一次在媒体面前亮相。

被造反派"释放"后，童第周回到原来的办公室上班。他虽然不再被强迫参加繁重的体力劳动，但仍然要打

## 第四章 甘当"拓荒牛"

扫办公室对面的两个厕所和一段过道的卫生。和他同一个办公室的年轻研究人员严绍颐等人看到身体虚弱的老教授这么劳累,心里十分不安,为了避人耳目,他们每天早晨争取比童第周早到办公室,提前把厕所和楼道打扫干净。

对童第周来说,打扫厕所和人身侮辱都不算什么,最令他意难平的是不让他搞研究。1969年从"牛棚"放出来后,他想做实验,却被指责为"洋奴思想""跟在西方资本主义后面爬行"。他再三提出要开展研究工作,但都没有得到许可。后来,童第周终于找到了"最高指示",对造反派说:"毛主席教导我们,生命和细胞的起源要研究一下。"造反派一看是毛主席的"最高指示",不敢违背,只得同意让他搞研究,但前提是不给他提供任何研究经费。

没有研究经费,科研几乎是无源之水、无本之木,该怎么进行呢?就在他为难之时,叶毓芬给了他坚定的支持:"没有经费我们就自己去找,办法总比困难多。"

在妻子的支持和安慰下,童第周重拾信心,开始考虑课题方向。他想起以前在一本科学杂志上看到的利用细胞融合技术进行肿瘤免疫的实验。童第周敏锐地意识到这是一个很值得研究的课题。"毓芬,我有个主意,我们可以跟医院一起合作研究肿瘤疫苗,他们提供经费,我们提供技术。"叶毓芬也认为这是一个两全其美的好办法。

说做就做,童第周整理好所需的资料,开始频繁地往各大医院跑,他不厌其烦地向医院负责人解释自己的科研方案。最终，有一些医学单位也认为这是一个很有价值的课题，同意与童第周合作。1972年，童第周夫妇的肿瘤免疫实验取得初步成效，并在杂志上发表论文。次年，他们又研发出一种免疫剂，以小白鼠为实验对象。实验证明，注射了免疫剂的小白鼠存活率达61%。此后，他们不断完善实验工作，成为我国将细胞移植及融合技术应用到肿瘤防治的先行者。

身处时代的洪流中，童第周尽可能减少政治等外部因素对科学研究的影响，坚守个人对科学研究的向往与执着。虽然他受到不少政治风波的摧折，却在风刀霜剑中显示出坚毅的品格和对科学的守望。这一点正是值得我们好好学习的地方。

## 7. 一波三折的科研合作

1972年2月21日，美国总统尼克松抵达北京，对中国进行正式访问。在首都机场迎接尼克松总统时，周恩来总理握着尼克松的手风趣地说："总统先生，你的手伸过世界上最辽阔的海洋来到中国和我握手——中美两国25年没有交往了！"全世界的目光都聚焦在北京，他们极其关注这一历史性的时刻，因为这次访问将意味着"一个时代结束了，另一个时代开始了"。之后，中美互设联络处，打开了两国外交的大门。

紧跟在尼克松访华之后,很多美籍华人提出回国探亲的请求。因为两国信息封锁,海外华人对"文革"时期国内发生的重大变化不甚了解,急欲回来了解情况。当时除了政府正式邀请外,回国探亲是民间申请来华的主要渠道。美籍华裔生物学家、坦普尔大学教授牛满江也申请回国探亲,并打算利用这段时间拜访童第周、访问中国科学院动物研究所。

童第周和牛满江在美国的时候就有过接触。那是1948年,童第周到斯坦福大学参观访问,在会见崔德教授时,童第周与他的研究助理牛满江相识,之后还应邀到牛满江家里做客。牛满江对童第周印象深刻,总是尊敬地称他为"童老师"。后来,牛满江每次发表论文,都会将单行本寄给童第周,请他指教。

得知牛满江要来,童第周心情振奋。此时的他正因心脏病在小汤山休养,为了更好地与牛满江开展学术交流,他决定提前结束休养,回到实验室进行准备工作。

1972年8月,牛满江抵京,在中国医学科学院礼堂、中国科学院动物研究所先后举办学术报告会,报告的题目为"核糖核酸的生物学功能"。北京的生物学学者一听说有美籍华裔科学家要作学术报告,奔走相告,他们都迫切地想了解国外,尤其是美国的科技前沿动态。之后,童第周邀请牛满江到家中做客,两人交流学术问题,相谈甚欢。

牛满江比童第周小10岁，对童第周的实验成果敬佩不已。他谦逊有礼地对童第周说："童老师，我们在国外一直关注您的研究工作，您在胚胎发育学和细胞遗传学方面的实验结果，在国外一直为同行们称道。尤其是文昌鱼的诱导研究，更被誉为杰作，我很希望能有幸与您合作。"

童第周对牛满江的研究也很感兴趣，他说："您所做的核酸提纯研究工作是揭开生物遗传信息秘密的一个关键技术，很了不起。这方面，我们也一直想同您交流。"

通过这次访问和交谈，牛满江了解到童第周的不同鱼类细胞核移植与自己用信息核糖核酸研究分化的成果，有共同合作的基础。实际上，牛满江早就想找机会与童第周合作。但当时仍处于"文革"期间，童第周对政治环境心有余悸，而牛满江并不了解这个政治背景的影响，他在心中已经初步确定了合作意向。

这一年12月底，核酸国际会议在美国华盛顿召开，牛满江作为第一负责人主持了这个会议。随后，他给童第周写信，正式提出合作请求，并且表示，因中国国内的实验条件太过简陋，希望童第周能来美国合作。童第周接到信后，认为如果不利用分子生物等领域的新思想和新技术研究鱼类细胞核移植，就很难深入地解决重大生物问题。他在关于细胞核质关系的研究上已取得突破，但如果要做进一步研究，还需要运用牛满江的核酸提纯技术和设备。因此，他认为应该在科学领域开展国际合作，借助外国的先进技术和设备深入研究，否则中国的科学水平很难跟上国际先进水平。

当时中国还没有与美国进行科研合作的先例，此事关系重大，童第周将牛满江的信和自己起草的申请报告递交给中国科学院动物研究所，由院部报中央审批。很快，周总理同意了报告，由分管的副总理做了批复。批复主要提到四个方面的要求：一是童第周以个人名义邀请牛满江来华合作；二是实验结果用两人名字发表，童第周名字冠前；三是文章仅限在中国发表；四是合作时间暂定为每年4个月。不久，中国科学院批准拨款15万美元添置实验设备。在当时，15万美元毫无疑问是一笔巨款，在中国科学界简直是一个"奇迹"。

1973年5月15日，牛满江偕夫人张葆英及美国首任驻京联络处主任戴维·布鲁斯等人，从广州飞抵北京。牛满江和童第周分别代表美国和中国，开始探索中、美科研合作的路径。这一合作意味着中、美国家关系与民间交流同时起步。牛满江是中华人民共和国成立以来第一位来中国开展合作研究的美籍科学家；童第周则是国际科技合作交流的积极倡导者。

这一年，利用牛满江带来的先进设备，即超高速离心机，童第周在细胞核与细胞质的关系研究方面取得了突出进展。

他们的第一次实验是在金鱼和鲫鱼之间进行的，成功后又向前推进一步，选取了不同属的动物，将鲫鱼和金鱼作为实验对象。实验内容是从鲫鱼卵巢的成熟卵细胞质中提取信使核糖核酸，然后将其注入金鱼的受精卵中。而注射取自细胞核的脱氧核糖核酸将作为附带的参照实验。

其中，提取脱氧核糖核酸、信使核糖核酸的工作由牛满江、史瀛仙等人负责，而将信使核糖核酸注入金鱼受精卵内的工作则由童第周夫妇及牛满江的夫人张葆英等人负责。每天天刚放亮，他们就来到实验室，守在鱼缸旁。一旦金鱼开始追尾（即金鱼交配前互相追逐求爱的过程），就用小网把它们捞出来带回实验室，用手轻挤雌鱼的腹部，促使它排出鱼卵，再加入稀释的雄鱼精液，使这些鱼卵受精。接着，童第周小组把这些金鱼受精卵分成两组，使用尖细的玻璃注射针，将牛满江小组从鲫鱼细胞中提取的脱氧核糖核酸或者信使核糖核酸液汁分别注入两组金鱼受精卵中。

实验的过程艰苦而漫长，他们经常一干就是几个小时，而且制备核酸需要在4℃以下的温度进行，所以他们做实验时都穿着笨重的棉袄。功夫不负有心人，在辛勤的耕耘之后，他们获得了丰厚的回报。实验结果显示，在发育成长的320条幼鱼中，有106条由双尾变成单尾，占33.1%，表现出鲫鱼的尾鳍性状。这种由注射鲫鱼信使核糖核酸而得到的单尾金鱼，是克隆技术在核移植之后的又一次突破，创造了细胞遗传学上的奇迹。

## 第四章 甘当"拓荒牛"

1973年10月,《中国科学》刊物刊载了童第周与牛满江合作撰写的《核酸诱导金鱼性状的变异》论文。中美科技合作与交流之门就此打开。同年年底,周恩来总理接见了包括牛满江在内的美国科学家代表团,童第周陪同接见。

1974年年初,"批林批孔"运动开始了。在这种不利形势下,童第周和牛满江的合作研究首当其冲,遭到猛烈批判。有人对实验过程中出现的样品曾有少量杂质这一问题紧抓不放,无限上纲,大做文章,说童第周、牛满江的合作研究是"弄虚作假",邀请牛满江来华是一个重大错误。而实际上,所谓样品中出现少量杂质的问题在当时几乎是不可避免的。牛满江等人提取核酸后,交给另一个研究所的工作人员帮忙分析核酸纯度,结果有个研究人员发现由他分析的样品中含有少量杂质,便把这个情况告诉了严绍颐。严绍颐向童第周汇报了具体情况,童第周十分重视,与牛满江商量改进办法。但由于当时国际上对信使核糖核酸的研究也刚刚起步,牛满江掌握的技术已经是国际最先进的了,所以一时无法找到更好的解决方法。

此时动物研究所已归北京市科技局主管,科技局听到反映后,马上派联合调查组前来调查,并召开答辩会,向童第周提出"质疑"。童第周对此异常气愤,他向联合调查组反驳道:"难道学外国先进的科学技术就是'爬行主义''洋奴哲学'吗?科学研究本来是没有国界的,各国科学家互相交流、互相促进,最后达到共同进步。可是,当前是你们自己看不起中国人的创造能力，这不是真正的'洋奴哲学'又是什么?!"

此时因合作时间已满4个月，牛满江回到美国，并不知道他与童第周的合作面临着巨大的政治压力。童第周和研究组的同事们在内心认定，他们不能因为政治影响就轻易放弃得来不易的科研合作机会，为此他们只能忍辱负重。实际上，所有人都充满了莫大的委屈。

不久，以童第周为团长的中国科学院代表团将要访问日本。童第周与日本权威科学家、国立遗传学研究所所长森胁大五郎在东京举行了一次学术对话，讨论发育和遗传问题。1973年11月25日，日本《每日新闻》公布了两位科学家的对话内容和两人的照片。这时，国内又有人诬告童第周"与资本主义遥相呼应"。为了毁谤他，这些人甚至不惜捏造了很多不实之词，童第周的心灵再次遭受重击。不久，上级单位下发通知，暂停了童第周与牛满江的合作。

俗话说，患难见真情。童第周的好友、时任中国科学院武汉水生生物研究所所长的伍献文得知童第周的困境后，特地邀请他到武汉考察一段时间，顺便散散心，纾解胸中郁闷。童第周欣然答应，当他看到武汉大学校园里风景秀丽的珞珈山、波光潋滟的东湖，尤其是看到这里的专家在鲤鱼和鲫鱼之间进行细胞核移植实验获得成功时，大为宽慰，愁闷的心情也被扫去大半。后来，上级查明真相，同意他与牛满江继续合作。这时，牛满江刚好在香港讲学，于是通过探亲途径来北京和童第周商谈继续合作研究事宜。

1975年，牛满江申请继续合作。动物研究所和中国科学院内的反对派仍然持反对意见，并联合起来向上级汇报，仍将童第周请外籍人员来中国做合作研究批判为"洋奴哲学"。时任中国科学院核心领导小组副组长的周荣鑫一贯主张和鼓励国际间的科技交流与合作，于是和外交部副部长马文波联合向中央报告。报告中称，牛满江是美国实验胚胎学、化学胚胎学和分子胚胎学的创始人之一，目前和童第周的合作成果也处在国际领先水平，希望中央能同意给予他们3—5年的工作时间。中央批准了这一请求，并下文要求各地热情接待牛满江等科学家参观考察。

这一年，童第周和牛满江进一步开展试验，他们先从鲤鱼卵巢的成熟卵细胞质中提取核糖核酸，再将核糖核酸注入金鱼的受精卵中。结果发现，有22.3%的金鱼由双尾变成单尾，出现了鲤鱼的性状。而在未注射信使核糖核酸的对照组中，只有5.7%为单尾。经统计学处理表明，即使在不同属的动物之间，信使核糖核酸对于发育、遗传的诱导作用也很明显。

1976年，为了了解不同纲间核糖核酸是否也有诱导尾鳍变异的作用，童第周与牛满江决定加大难度，在蝾螈（两栖纲动物）和金鱼两种不同纲的动物之间进行诱导变异实验。实验的最初目标是看金鱼的尾鳍是否有变异,结果却发现在382条小鱼中,有4条像蝾螈一样在头部长出平衡器。这一实验说明,较低等的鱼类动物也会出现较高等的两栖类动物蝾螈的性状,从而证明核酸即使对不同纲的远缘动物的性状变异也具有诱导作用。

童第周和牛满江的实验,第一次在高等动物中证明,除了细胞核内的脱氧核糖核酸外,细胞质内的信使核糖核酸对细胞分化、发育和遗传都有明显作用,而且在比较远缘的动物中也能产生这种作用。当然,产生这种作用的原因还有待研究,但这些新发现无疑将推动人类对生物进化的研究,使细胞遗传与变异的研究前进了一大步,使我国在这个领域的科学研究处于世界前列,并为我国从分子水平研究发育生物学奠定了一定基础,也为以后发育生物学的发展开拓了道路。

不幸的是,江青集团在"文革"中的反扑愈发猖狂,政治运动风云诡谲,周荣鑫虽然担任教育部长,但最后仍惨遭迫害致死,直接导致童第周与牛满江的合作再现波折。对此,童第周悲痛难解,他无奈地说:"我们都在工作,为什么总有人要告发阻拦我们?别人搞科研,我们从不做小动作,各搞各的,相安无事,这有什么不好呢……为科学工作是科研人员的职责所在,若果真有科学成果,你把它说得再坏也没用,因为这是颠扑不破的事实。但假若没有成果,即使宣传得天花乱坠也空有一个花架子。"

## 第四章 甘当"拓荒牛"

1976年10月6日,以华国锋、叶剑英、李先念等为核心的中共中央政治局采取断然措施逮捕了江青、张春桥、姚文元、王洪文,"四人帮"被粉碎。这一举措挽救了中国的科学发展进程。1977年,"四人帮"被粉碎了9个月后,邓小平第三次复出,这使童第周与牛满江的合作顺利了许多。这一年8月16日,邓小平接见了牛满江夫妇,童第周陪同。会面时,邓小平对中美两位科学家开门见山地说:"我们现在想吃饱啊!"

童第周当即向邓小平汇报了自己的设想:"要提高农作物的产量和质量,我们首先要在提高水稻的蛋白质含量方面试验,把大豆的核酸注射到水稻中去,今年先在植物研究所搞试验。"

邓小平赞许地点点头,然后对牛满江说:"欢迎您来中国,以后每年来都可以,一年来两次也欢迎,随时来随时欢迎!"

此后,童第周与牛满江在合作中遇到的风波终于平息下来。这一年,他们的实验重点是寻找遗传标志物。以前的实验已经证明,移植过信使核糖核酸的金鱼在外形上会有所变化,有一部分特征像提供信使核糖核酸的那个物种。外形改变了,那么,内部的物质成分有没有改变呢?通过实验,他们在移植过信使核糖核酸的金鱼内脏里,发现了与金鱼原有的肝脏同功酶不同的肝脏同功酶。这也证明,移植的信使核糖核酸不仅能改变金鱼的外形,而且会影响其肝脏同功酶等物质组成成分。

显而易见,在广泛开展国际交流合作之初,童第周与牛满江的合作以及他们丰硕的成果给了后来的国际交流很大的希望,他们的工作发挥了基础和主导作用,同时也在国际科学界树立起中国科学家坚韧努力、不懈钻研的形象。

## 第五章　奋斗不容间

童第周一生育人无数，可谓桃李满天下，他的学生、妻子都成为他科学生涯中的同路人。他卓越精湛的科研方法和科研观念带动了一大批科技工作者投身其间，他把自己完全奉献给了中国的科学事业，直到生命的最后一刻。

## 1. "童鱼"降世

童第周晚年把研究重心放在细胞核与细胞质的关系上。通过以往的研究,他确信在个体发育过程中,不仅细胞核可以决定细胞质发育的方向,细胞质也能决定细胞核的命运,核与质不是完全孤立的,两者存在非常密切的关系,它们在结构上互通,在功能上则可以互相激发和抑制。在这一理念的指导下,20世纪60年代初,童第周首创并领导了鱼类细胞核移植的"克隆"技术。

童第周在20世纪50年代曾向中国科学院副院长竺可桢和尤芳湖教授介绍过"克隆"技术,但他一开始的核移植实验并不是为了克隆,而是想要进一步证明核质关系。

1952年至1953年,美国科学家罗伯特·布里格斯、托马斯·金首先在多细胞动物两栖类的核移植实验中获得成功。他们将豹蛙在囊胚时期的细胞核移入同种动物的去核卵内，得到发育正常的蝌蚪和幼蛙。这所有的步骤都是在同一物种之间的"克隆"。日本学者曾试图对异种蛙进行核移植，并做了大量尝试，但均未成功。

童第周是在 20 世纪 50 年代末开始核移植实验的。1963 年，童第周等人进行鱼类的核移植获得成功，更值得称道的是，他们的实验是在不同种的鱼类之间成功完成核移植的，比美国科学家前进了一大步。之后，在另一种更远缘的不同亚科间鱼类的核质杂种鱼，即由草鱼核和团头鲂的去核卵组合的核质杂种鱼身上，也实现了不同程度的性状变异，并繁殖到第二代。此外，童第周还在不同科、不同目的鱼类中间获得了核质杂种胚胎和幼鱼，甚至在鱼和不同纲的动物之间，如将小鼠胚胎细胞核与去核的泥鳅卵组合，也获得了核质杂种囊胚。这一技术成果，在所有进行过克隆动物研究的其他高等动物中均无法做到。因此可以说，鱼类异种克隆的成功，是基于童第周独到的科学见解。

在生物遗传学上，一般认为生物遗传的物质基础是细胞核内染色体上的基因，细胞质在遗传中所起的作用非常有限。而童第周则认为，细胞是一个整体，细胞内的细胞核和细胞质各有功能，互相影响，细胞质对遗传也起到一定作用。为了证实这个理论，在中美第一次科研合作中，童第周与牛满江成功从鲫鱼成熟的卵子细胞质中提取信使核糖核酸，注射到金鱼的受精卵中，从而诱导金鱼尾鳍性状改变，从双尾变为单尾，并遗传给子代。而这些变异了性状的鱼类也被人们称为"童鱼"。

1973年一个阳光明媚的早晨，在中国科学院动物研究所细胞研究室的实验现场，童第周和同事们正围在鱼缸旁边，欣赏在水里畅游着的几条金色"奇鱼"，他们每个人的脸上都流露出欣喜的表情。

这几条金色"奇鱼"并不是普通的金鱼，而是童第周和他的研究组一道研究出的最新成果。细看这些"奇鱼"，无论外形还是游动姿势，它们都形似金鱼又似鲫鱼。它们既不是金鱼和鲫鱼杂交而生的后代，也不是天然生成的怪胎，而是通过细胞核移植，即无性繁殖技术克隆而创造的新鱼种。不同于1963年童第周和科研组首创的同种克隆鱼，这次的这些新鱼种是异种克隆成功的范例，是生命科学的世界奇迹。

童第周站在鱼缸前，心情久久不能平静。他像天真无邪的儿童一样欢欣雀跃，激动地捧起一只装着"奇鱼"的小鱼缸，去造访时任中央美术学院院长的著名画家吴作人，和他分享这个激动人心的好消息。

早年童第周在比利时比京大学留学时，吴作人在比利时的皇家美术学院学习绘画，两人相交甚厚，他们的友谊绵延了40余年。"文革"期间，吴作人被打成"黑画家"。在那个人人自危的年代，曾经的故交好友纷纷对他避而远之，家中更是门庭冷落，鲜有访客，但童第周是个例外，两人逢年过节时常有来往。

这天，吴作人见童第周兴冲冲地走进来，喜不自禁，又看他手捧一个玻璃鱼缸，里面有一条欢快游动的金色小鱼，甚是奇怪。他苦笑着说道："蔚孙仁兄，而今尚有如此雅兴！"

童第周笑而不语，将鱼缸放到桌上，然后坐下来笑道："作人兄妙笔丹青，独具慧眼，依你看，这条鱼有什么不同吗？"

吴作人注目细看，过了一会顿觉异常，惊讶地说："这条金鱼怎么是单尾？"

"正是单尾！但它不是金鱼。"童第周诡秘地一笑，他的欢喜溢于言表。

"怎么是单尾，还不是金鱼？怪哉怪哉！"吴作人愈加惊奇。

童第周笑逐颜开，说道："好吧，我就不吊你老兄的胃口了。今天乐得暂抛身外事，和老兄来个'奇物共欣赏'吧。"接着，他将这条单尾奇鱼的来历娓娓道来，并说明了它在科学研究上的重大意义。

听了童第周的讲解，吴作人心中久久不能平静，想不到生命科学竟如此奇妙。童第周告辞后，吴作人油然生出强烈的创作欲望。他在比利时学习美术时就想为童第周创作一幅画，如今40多年过去了，一直未能如愿，今天他打定主意，要借这件大事了却心愿。他对夫人萧淑芳道出心意，想把这条不同寻常的鱼画出来赠给童第周，以激励老友在科学上取得更大成就。萧淑芳欣然赞同。

议定后，夫妇俩铺开宣纸，开始思考如何取材、如何布局、如何用笔……待成竹在胸后，吴作人挥毫泼墨，一幅《睡莲鱼乐图》很快绘成。只见画面上红莲盛开、荷叶舒展，水中一条朱身单尾的奇鱼悠然地碰触荷叶，后面两条红色、两条黑色的金鱼嬉戏追逐。吴作人在轴首题款，并特意指出"单尾朱身者即是童鱼"。正是从这幅画开始，这些变异了性状的"奇鱼"被称为"童鱼"。

画好后，吴作人夫妇觉得仅这幅画作还不能尽抒胸臆，又拿着画去找著名诗人兼书法家的赵朴初。他们向赵朴初介绍了童第周的科研新成果，说明作画原委，请他再题诗。赵朴初听完他们的介绍后同样异常激动，挥笔写下了至今仍广为传诵的绝妙好诗：

异种何来首尾殊，画师笑道是童鱼。
他年破壁飞腾去，驱逐风雷不怪渠。

写完一首诗，赵朴初意犹未尽，又提笔续咏：

变化鱼龙理可知，手提造化出神奇。
十年辛苦凭谁道，泄露天机是画师。

这幅画作送到童第周夫妇那里后，两位科学家激动不已。因为这幅画绘出了中国发育生物学的辉煌，这几首诗道出了生物遗传学探索的艰辛，而这"童鱼"正是见证历程、昭示前景的有关童第周科学贡献的里程碑。

到1974年夏，有的"童鱼"已经长成成鱼，并且开始产卵。为了观察"童鱼"生出来的小鱼能否保持变异后的单尾性状，童第周和助手们开始用"童鱼"做配种实验。结果显示，由"童鱼"自交生出的680条小鱼中，双尾的有396条，占58.2%；单尾的有113条，占16.6%；还有156条呈变异单尾状态，即不是很明确的单尾，占23%。如果把单尾和变异单尾加起来，占到了39.6%。这个比例说明，这种由细胞质中的信使核糖核酸诱变所产生的单尾鳍性状能遗传给它们的子代。

1977年，童第周等科学家率先向国内外报道了脊索动物的核移植成功。自20世纪50年代以来，我国对"克隆"技术一直使用"核移植"这个名词，以至于同一含义的"克隆"一词最初在国人眼里十分生疏新奇。加上20世纪六七十年代中国与其他国家的科技交流不多，对外界报道科学成果也屈指可数，导致这项开创性成果没有在世界上产生应有的轰动效应。而英国的"多利"羊，由于国外媒体参与了商业炒作，一时被评为惊世骇俗的创举。但是，不可否认的是，童第周所领导的生物科学的研究一直处于同期国际同类研究的前列。国际发育生物学会前主席、日本著名发育生物学家岗田节人1998年在严绍颐教授的专著《鱼类的克隆——核质杂种鱼》的序言中写道:"已故的童第周教授是将细胞核移植研究应用于鱼类的伟大先驱者。"

  童第周晚年还十分注意把自己在核质关系理论研究中的成果应用于医学和农业实践。比如将杂交细胞的研究应用于肿瘤防治,1976年,童第周以第一作者的身份在《动物学报》上发表了论文《肿瘤杂交细胞的抗癌免疫试验》。他还将鱼类细胞核移植的研究应用于鱼类品种改良等方面,获得可喜的成绩,他还提出了利用核移植培养新品种的问题。他认为,如果不同品种的细胞核与细胞质配合得当,也许可以从不能杂交的物种中得到可以成长繁殖的、有经济价值的"核质杂种"。为此,他带领助手与武汉水生生物研究所、沙市(今湖北省荆州市中心城区)长江水产研究所、南宁水产研究所等有关单位协作,建立食用鱼类核移植基地。除了进行将鲤鱼细胞核移植到鲫鱼去核卵的实验外,他们还进行了将鲫鱼细胞核移植到鲤鱼去核卵,以及将草鱼细胞核移植到鳊鱼去核卵等多项试验,并在1973年获得第一批鲤鲫核质杂种鱼,这种鱼既有鲫鱼鲜美的味道,又有鲤鱼的大个头,而且生长速度比鲤鱼快,可以繁殖后代。

  1978年3月,在全国科学大会上,童第周因"童鱼"的研究成果荣获"国家科技进步"一等奖。也正是在这一年,76岁高龄的童第周明确提出自己攀登科学高峰的目标:"达尔文解决了各种生物进化的问题,我们要解决如何进化和加速进化的问题。"为了实现晚年的远大理想,他当时就提出了开展克隆哺乳动物的设想,并着手制订、实施这方面的人才培养计划。相比英国的"多利"羊直到30多年后才出世,晚年的童第周进一步提出了动植物之间核移植的大胆计划。

当时有很多人预言,假如童第周倡导的研究能继续深入突破,也许有一天会收获意想不到的奇迹:各种遗传疾病被消灭在胚胎里;癌细胞被研制成类似牛痘一样的疫苗,使人体产生免疫力;人类能理想地控制生理衰老过程,实现更年轻、更健康、更长寿地生活;鲜美的鱼虾又大又肥;大树上结出棉桃;小麦长在高粱秆上……整个世界将掀起一场生物革命。

童第周对此评述道:"这确实是科学幻想,但不一定不能成为现实。科学是最讲求实际的,也是最大胆的。敢想,才有创造,才能出奇。不过首先还是要讲求实际。科学就是大胆假设,小心求证。只有敢于想象,才能够大踏步地向前发展。但是,大胆假设并不等于不脚踏实地工作。只有脚踏实地地工作,才能开辟通向理想的道路。科学上的许多重大突破,都是由一点点细微的成绩积累而成。我现在只是在生物遗传的基础理论研究上为同代人和后代人做一点铺路工作,就像一捧沙土、一粒石子,让别的科学家踩在我身上继续往前走。就是失败了,让别人吸取我的教训，绕开这条道，也是有好处的。"

童第周一贯秉持"思想要奔放，工作要严谨"的态度，他甘为人梯，愿做平凡而高尚的"铺路石"。科学史的发展已经证明，科学的浪漫幻想经过科学家的不懈追求往往会转化为科学的辉煌现实。

## 2. 科研人员的良师益友

自从留学归国后，童第周长期致力于创建高校生物学科和海洋科学机构，他一直坚信，创建和发展中国的海洋科学，关键要靠人才。为了招揽更多人才，尤其是集聚海洋生物、海洋科学研究方面的精英，他几十年如一日地扶持、培养人才，关心他们的成长，被同行们尊为良师益友。

1946年，童第周在山东大学担任动物系主任。当时山东大学成立了水产系，对于系主任的人选，校方看中了曾经留学英国、主要从事浮游生物研究的朱树屏，并把聘请朱树屏的任务交给了童第周。当时朱树屏还在美国伍兹霍尔海洋研究所任高级研究员。童第周接受任务后，马上赶到重庆去见朱树屏的夫人王致平，转达了学校的意愿。因朱树屏当时已接受了云南大学的聘请，只能用借聘的方式请朱树屏到山东大学任教。1947年，朱树屏到青岛在山东大学水产系成立了渔捞、养殖、加工三个专业组，以极大的热情培育了中国首批大学本科水产专业人才，山东大学水产系成为当时全国唯一的四年制本科水产学系，并且初具规模。

童第周在动物系的同事曾呈奎教授，以前在美国加利福尼亚大学斯克里普斯海洋研究所工作。这个研究所是世界闻名的海洋科研机构，曾呈奎的成绩非常突出，研究水平获得研究所同事的一致认可。当时，国民政府农林部向他发出正式聘请，想让曾呈奎担任台湾省水产研究所所长。童第周也一直欣赏曾呈奎的学识和能力，因此力邀他到山东大学工作，共同发展中国的海洋科学事业。曾呈奎经过考虑，最终接受了童第周的邀请，于1946年到山东大学执教，担任植物系教授和系主任，兼水产系主任，主要教授海洋植物学。后来，他和童第周共同创建了山东大学海洋研究所，童第周任所长，他任副所长。他们在工作风格上虽然存在差异，但一直合作愉快，成为肝胆相照的知己。

在几十年的工作中，曾呈奎不仅培养了很多海洋生物和海洋水产方面的人才，而且在半个多世纪的海洋科研中，与合作者一起查清了我国海藻类资源的分布和区系的特点，解决了紫菜和海带养殖中的关键问题，为我国海藻化学工业奠定了坚实的基础，开拓了美好的前景，同时也丰富和发展了光合生物进化理论，积极实践了海洋水产农牧化道路。

我国物理海洋学的奠基人赫崇本教授，早年受业于清华大学物理系，1943年11月，35岁的赫崇本赴美国留学，在加州理工学院气象系攻读博士学位，1947年7月，转入加利福尼亚大学斯克里普斯海洋研究所研究物理海洋学，从事海洋与波浪研究。当时中国政局急剧变化，赫崇本深恐美国政府采取敌视中国的政策，阻挠中国留学生回国，便于1949年年初毅然放弃学业回到中国，立志要为新中国的发展贡献力量。童第周得知后，报请时任山东大学校长的赵太侔同意，邀请赫崇本到山东大学教授海洋学。此后，赫崇本便在山东大学与曾呈奎一起开设了海洋学课程。山东大学成立海洋系后，他又担任系主任。几十年来，他兢兢业业，为后来中国海洋大学的创建和发展奠定了坚实的基础，并在物理海洋学的教学和科研方面做出了奠基性的贡献。

　　新中国成立初期，针对海洋学科薄弱的现状，童第周和青岛海洋生物研究室的几位领导一起商议，决定积极争取回国的专家到研究室工作。其中，有从英国回来的鱼类生物学家张孝威教授，他发展了鱼类生态学、资源生物学和繁殖生物学研究；有从美国回来的毛汉礼教授，他发展了物理海洋学研究；有从菲律宾回来的郑执中教授，他发展了浮游动物学和沉积生物学研究。

　　为了争取外籍华裔科学家回国，平时刚直不阿、从不求人办事的童第周不得不常常登门向熟悉的几位名画家求画，然后再送给返回祖国作短期访问或长期工作的外籍科学家。童第周想用自己的真情实意，辅以中华优秀文化的认同与归属，使他们发自内心地想回国干事业。此外，童第周还在生活上为这些归国的科学家着想，如赫崇本答应从美国回来时，童第周首先想到的是让他"安居乐业"，于是预先将他的妻子、儿女接到青岛，安置好住处，免除了赫崇本的后顾之忧。

　　童第周对待工作一丝不苟，甚至苛刻，但对同事却平易近人，不摆架子，因而深受同行的尊敬。即使调到中国科学院后，他也依然如故。有一次，海洋研究所的研究员刘瑞玉带患病的妻子到北京看病，童第周知道后，连忙让妻子叶毓芬炖了两只鸡前去探望，这份牵挂使刘瑞玉感动得说不出话来。后来，在童第周的鼓励下，刘瑞玉在甲壳类动物学、海洋底栖生物生态、对虾繁殖基础研究等方面成绩卓著，先后担任中国科学院海洋研究所所长、中国海洋湖沼学会理事长等职。

　　对于回国后没有到山东大学或相关研究所工作的海洋生物学方面的人才，童第周也尽力扶持帮助。比如1938年从山东大学前往英国进修的郑重，获得博士学位后，在英国阿伯丁大学和牛津大学执教。后来，郑重决定回厦门大学开展海洋生物学研究，但无法解决回国后的研究经费问题。童第周听说后，在自己的研究经费也很困难的情况下，筹集了一笔经费赠给郑重。得到资助的郑重于1947年回国，在厦门大学展开海洋浮游生物学的教学和研究，在海洋浮游甲壳类尤其是桡足类、樱虾类和枝角类的研究方面有独特发现，为我国近海海洋资源的开发利用及海洋浮游生物学的创建与发展做出巨大贡献。

童第周还是一位杰出的教育家。他早年在私塾跟着大哥童第锦学习时就做过"小先生"，大学毕业后跟随恩师担任助教。从比利时留学归来后，他先后在山东大学、中央大学、复旦大学、同济大学担任教授，在研究所招收研究生。他学为人师，行为世范，以崇高的品格和学术魅力征服了无数学生。同行和学生都钦佩他刚正的气节风骨、渊博的专业知识、深远的科学构想和高超的实验技巧。

在大学任教期间，童第周的教学态度极其严谨认真。从20世纪30年代起，他教授过普通动物学、细胞学、比较解剖学、遗传学、胚胎学和实验胚胎学等课程。每教一门课，他都认真备课，耐心讲授，尽量让学生们全部掌握。讲课时，他善于引导、启发学生，开拓他们的思路，让他们能独立思考并解决问题。在指导学生研究时，他强调学生要保持科研方向的一贯性，不要三心二意。科学研究最看重一步步的基础工作，只有掌握扎实的基础知识才能走得长远。因此，他严格要求学生牢固掌握基础知识，这样才能迅速成长，为国家所用。

除了扎实的理论基础，童第周也很注重培养学生的实验动手能力。他对学生和助手的要求都很高，认为做科学研究必须从洗刷实验器皿开始。在教学过程中，他经常带着学生到野外寻找和捕捉青蛙，采集蛙卵，然后让学生拿回实验室培养，撰写观察报告。他还要求学生用玻璃棒自制玻璃针，给蛙卵做手术，学习移植蛙卵组织的操作技巧，并让学生观察、记录蛙卵的发育过程。童第周的学生曾回忆说："有一年春天，我采集了一些交配的蟾蜍，放在实验室里用玻璃缸分别盛着，昼夜观察其产卵受精的情况，将产出的卵送给童老师做实验。我自己也在童老师的指导下，做半个背唇的诱导第二胚胎的工作。这些都是童老师亲自教给我的，以后毕业论文能够顺利完成，都是老师辛勤教育的结果。"

在童第周的实验室里，还有个不成文的规矩，那就是工作时间不能看书和文献资料，更不能看报纸杂志和聊天、打私人电话，至于迟到和早退更是严令禁止。童第周认为，平时一定要多看书，多了解自己专业领域的先进理论，但是这些工作只能放在实验之外，在实验室里是坚决不允许的。

为了激励大家重视平时的业务学习，除星期日以外，每天晚上，研究室办公室主任或人事干部都会对这些年轻的研究人员或学生在宿舍的学习情况进行检查和督促。童第周自己也经常说："脑子要想紧跟时代步伐，就要多看书。""文革"期间，国内消息封闭，但童第周仍想方设法了解国际学科动向，积极把握生物科学的发展动态。他要求学生每两周进行一次书报阅读讨论，老师和学生分别上台发言，有时虽然参加的人数不多，但讨论的气氛却很热烈，每个人都抱着向他人学习的心态参与讨论。这样的讨论不仅让学生们养成了读书看文献的习惯，更锻炼了他们的表达能力和逻辑思维能力。童第周经常对学生说："在思想上我们要奔放，在工作中我们要严密。"因此，他经常有意识地引导学生就不同的观点展开讨论，尽管有时也会发生争论，但往往在这样的争论中，激发学生们从不同的角度思考，从而使问题得到最优的解决方案。

　　童第周还非常重视科技创新，比如细胞核移植的技术刚过关，他便开始抓细胞融合，接着又搞核酸诱导。他鼓励自己的学生吴尚懃："只要发现了问题，就要想办法探个究竟，争取解决它。"吴尚懃早年的志向是当一名医生，当时她以同等学力考入从南京内迁四川的中央大学医学院，在大学二年级时选修了童第周的胚胎学课后，她决定改专业。学习了胚胎学课程后，她认为如果能探明生命在胚胎时期的发展规律，用人为干预的手段改变其环境条件，使其产生有益于人类健康的变异，要比医治好单个人的疾病更有意义。所以，她开始潜心于胚胎实验，毕业后留校在解剖科担任助教。新中国成立后，她被山东大学动物系聘请，成为童第周的助手，此后她一直在童第周的指导下开展科研工作，是童第周科研工作的主要合作者。在童第周的严格训练下，吴尚懃成长为一名出色的海洋生物学专家，在文昌鱼系统研究、硬骨鱼卵子细胞核移植及对虾养殖等方面做出了突出贡献。

童第周要求青年教师要有良好的教风。有一次,他有个助教要给学生们展示做细胞学实验,没有做像样的示教切片,只得向童第周借。作为老师,做好教前准备工作是最基本的要求,童第周知道后虽然借给了他,但事后仍然严厉地批评了他的散漫和不认真。

还有一次,有个学生想做童第周的助手,童第周坚持说要考查一段时间后才能决定,当时有人劝说也无济于事。这一考查就是两年,两年后那个学生才被他认可录用。

对于工作表现突出、业务能力强的学生,童第周慧眼识珠,他提拔后进,该重用时就不假思索地重用。1956年,他的研究生严绍颐和另一位大学生通过工作成绩、发表论文、自学进展和外语能力等方面的综合考查表现突出,被破格提升两级。如果和学生一起做研究项目,发表论文时,童第周会与合作的学生联合署名,有时甚至把养殖实验用鱼的渔工的名字也放在作者栏内。他常常把学生的优秀论文及时推荐给《中国科学》等国内外学术刊物,有时还事先把自己的学术报告、学术论文拿出来征求学生意见,以集思广益。他对韩愈在《师说》中写到的"弟子不必不如师,师不必贤于弟子,闻道有先后,术业有专攻"几句深以为然,并时常对身边的人说:"一个人不可能永远是别人的老师,因为时代在前进,但他可以永远成为别人的朋友。"

在培养人才方面，童第周非常强调学生的自我训练和自我发展，这可能与他个人的成长经历有很大的关系。他的细胞核移植研究工作组的规模一直很小，有时每个人都忙得团团转时，便有人向他提出增添人员的请求，这时他总是郑重其事地回答："太忙了，没有时间照顾新人，以免误人子弟，总不能耽误年轻人啊！"因此，即使是"文革"期间，他的研究组成员受到冲击也坚守阵地，一直坚持实验研究。在那样的环境下，这样的同心协力是非常难能可贵的。

　　在这种思想的影响下，童第周一直反对研究所的规模过大，他认为研究所一般不要超过100人。他对此颇有一番见解："研究所所长一定要是科学研究人员，但是如果这个研究所规模太大，所长就要为许多社会事务奔忙，这样必然耽误科学研究。科学家不亲自动手的话，迟早成为科学政客！"他的这番话掷地有声。当初，许多科学研究机构盲目地把规模扩大到上千人，导致机构臃肿负累、尾大不掉，最后不得不精简人员，回到以前的规模。由此可见，童第周作为科研领导人，眼光是很长远的。

　　同时，童第周也很重视国际交流，即使是在"文革"期间，他仍不惜冒着政治风险，为自己的学生和助手争取出国进修和合作研究的机会。1956年年底，中国科学院准备派科研人员到苏联考察并进修，童第周极力推荐尤芳湖、孙继仁两位年轻学者，并获得批准。20世纪70年代，童第周又促成了自己的得力助手史瀛仙、陆德裕到美国费城的坦普尔大学进修。

相较之下，严绍颐的出国进修路最为坎坷。1953年，童第周准备派刚分配来的严绍颐去苏联学习，并为此多方联系，但由于斯大林去世、赫鲁晓夫上台，中苏关系前景不明朗，这件事只好作罢。1963年，为了精进严绍颐的科研水平，童第周又动用自己的私人关系，设法介绍严绍颐到自己早年留学期间在比利时和英国停留过的实验室去进修，结果因"四清运动"无功而返。直到20世纪70年代，严绍颐出国进修才终于成行。

在50多年的教学生涯中，童第周培养出许多在生物学领域做出杰出贡献的人才，他们在生物学领域兢兢业业地钻研，为我国的生物发展及海洋事业创造了厚实的底蕴。

张致一，我国著名生殖生物学家、中国哺乳类动物生殖生物学的创始人，是童第周的第一代学生。他具有扎实的胚胎学基础、精湛的实验技术及敏捷的思维，童第周对他十分赏识。抗战时期，他曾跟随童第周在成都中央大学医学院、李庄同济大学、复旦大学任教并开展研究工作。1947年至1952年，张致一在美国爱荷华大学动物系学习，并获得硕士、博士学位。1957年，他应童第周、曾呈奎之邀，冲破美国政府的百般阻挠，偕全家绕道回国，到海洋研究所任副研究员。他在美国时以两栖类动物为对象进行比较内分泌学的理论研究，获得许多创新性的成果，但他回国后根据国家建设的需要,将研究方向逐渐转到更能密切联系临床和生产实际的哺乳类生殖生物学研究领域。1959年他随童第周转到北京动物研究所。起初他的研究组不足10人,在童第周的支持下,他从学科长远发展着眼,在人员和技术方面进行全面布局,将研究组发展到60多人,并且配备了现代化的实验室装备,在两栖类胚胎纤毛运动轴性决定、金鱼胚胎发育能力等方面取得重大成果。

庄孝僡,我国著名实验生物学家、细胞生物学家,是童第周早年的学生。1935年,他毕业于山东大学生物系。受老师童第周的影响,对实验胚胎学产生了浓厚兴趣,1936年经童第周引荐,前往德国慕尼黑大学深造。1946年回国后,他在北京大学动物系执教,为中国细胞生物学的建立与发展做了很多奠基性的工作,在胚胎诱导和分化、无神经蝾螈幼虫肢体再生和表皮传导现象的研究等方面都取得了开创性的重要成果。

朱作言,我国著名发育生物学家,在开创鱼类基因工程研究新领域以及系统的鲤类基因组研究上取得了极高成就。20世纪70年代,朱作言作为童第周的学生开始研究克隆鱼,在童第周的指导下,师生合作完成了鲤鲫间的细胞核移植。在此基础上,开创了鱼类基因工程研究新领域。随后,朱作言出国学习了基因克隆和基因操作技术,于1984年培育出世界上第一批具有快速生长效应的转基因鱼。

此外，还有一大批优秀的生物学家都曾受荫于童第周，如李嘉泳、周才武、秦鹏春、陈大元、阎淑珍、吕连升、王秋、张天荫、蔡难儿、于建康等。

童第周创造了辉煌的育人成绩，如今他的学生及学生的学生遍布世界各地，真可谓昔日园丁辛勤耕耘，今日喜看桃李芬芳。

## 3. 实事求是的践行者

在科学实验中，童第周一直避免让自己被过多的社会事务和行政事务牵绊而变成"科学政客"，他坚持身体力行地站在显微镜前，紧跟实验课题的进展。

有一次，童第周因为牙疼，一侧的脸肿起来，而且高烧不退，只得卧床休息，但他心里一直记挂着实验室关于胚胎轴的课题。本来和牙医约定第二天要去看牙，但翌日一早他又跑回实验室继续工作。学生们看着他那肿胀的脸颊，都劝他赶紧去医院治疗，但他却显得异常兴奋，嗓门也不自觉地提高了，他对学生们说："昨晚我做了好几个梦，在梦里得到实验设计的灵感啦！"他已经模糊了上下班的概念，一切以科研工作为重。他这种一丝不苟、亲力亲为的科研作风润物细无声地影响了他的学生们。

晚年童第周患有白内障，看东西总是模糊不清。实验室里的年轻同事都劝他:"童老,您现在年纪这么大了,视力也不好,这些实验就交给我们这些年轻人来做吧,您在一旁给我们做指导。"童第周很感谢同事们对他的关心和体谅,但他不愿做"闲人",他一生都严谨务实,以父亲"滴水穿石"的教诲来警示自己,如今怎么能因为身体的原因借故"偷懒"呢!他谢过同事后,说:"我们是科学工作者,成果都是靠实验一点点做出来的,我怎么能站在一边动动嘴就行了呢?我们的事业需要勤动手,而不是耍嘴皮。而且如果我自己不亲自做这些实验,又有什么资格指导别人?不读书,脑子要僵化;不动手,胳膊要生锈。搞科研的人就是要每天动手做实验,这才是我们的立身之本啊!"随后,他又向同事们解释,"比如说,有人发现了一个现象,就有人看不到这个现象,即使两人都看到了,他们对现象的解释也可能是仁者见仁智者见智。不亲自观察就盲目下结论,那是科学家的大忌,最是要不得的。"

多年来,童第周从不轻信别人的结论,一切实验都必须亲自做过才行,甚至饲养实验用的动物,他也坚持自己动手。他认为,自己不亲自观察、亲自动手做就得出结论,是很危险的,也很难有所发现。除了实验本身,童第周对实验后的论文撰写,甚至论文的插图和校对,也从不假手于人。在写关于文昌鱼的研究论文时,需要用插图说明实验过程,这些插图由很多密集的小点组成,需要用很细的笔针蘸着墨水一点一点地画,往往一张图就要画好几个小时，有时还要根据显微镜的观察反复修改。当时这些图都是童第周自己画的。有一次，某杂志编辑部建议童第周将校对工作交给助手去做，童第周严肃地拒绝道："我没有这样的助手，也不需要这样的助手。"

据童第周的学生、山东大学52级动物系胚胎组的王龙回忆，当时童第周已经是系主任、副校长、青岛民盟主委，会议多，工作忙，但他除了亲自开课讲授《比较解剖学》《实验胚胎学》和《演化与遗传》外，每天还要到实验室亲自动手实验一两个小时，几十年如一日，从不间断。甚至在晚年，他还向领导请求，尽可能保证他每周至少有5天的科研时间。

在指导学生写论文时，童第周告诫他们："科学是老老实实的学问，研究工作一定要做到精确，容不得半点马虎和虚假。"他自己就是这一原则的忠实践行者，他尤其痛恨弄虚作假的行为。有一次做肿瘤免疫细胞实验，每个课题组成员分得5只大白鼠作为一个实验小组，最后因为实验技术的差异，仅童第周和叶毓芬两组获得100%成功，其他组只有20%—100%不等的成功率。面对这一结果，有人建议以童第周夫妇的实验结果发表论文，但童第周坚决反对，认为应该原原本本地、客观地反映实验的全部实际结果，不能只取符合自己愿望的那部分数据。最后，他们在发表的论文中取了课题组的平均值。

童第周的长女童凤明后来也成了一名科学家。有一次，她与父亲聊天时说到,有些科学家写论文时会根据实验结果稍加扩展,使论文显得更充实一些。童第周听完严肃地说:"搞科学研究必须坚持实事求是,有五分成果就写五分,绝不能写成六分。"由此可见,童第周对科学的严谨态度已经到了近乎古板、严苛的地步,但他这种对虚假行为的不让步也影响了和他一起工作的其他科学家,潜移默化地影响了许多人。

粉碎"四人帮"后,童第周重新担任重要的领导职务,尽管工作繁忙,但他一天也没有脱离过科研一线。不过,随着年岁的增长,他的体力和精力逐渐难以支持他再做实验工作,而越来越多的社会职务也使他几乎没有了休息时间,对于一个年过七旬的老人,这些都变成了无形的挑战。有一次接受记者采访时,童第周感慨万千地在记者的采访本上写下一首顺口溜:

人家哪有许多会,日日夜夜开不够。
谁道四个现代化,不凭双手只凭口。

这是童第周面对20世纪70年代无穷尽的"文山会海"给出的朴实态度。他坚持科学研究应该脚踏实地、勤动手的观点,对实现"四个现代化"的途径给出实事求是的意见。这首风趣率真的顺口溜,道出了当时他的心声。

## 4. 献身科研，壮心不已

20世纪70年代中期，政治风波不断，年过七旬的童第周克服万难，仍然艰难地继续向科学高峰攀登。当时他住在北京海淀区的中关村，正是在这里，在他生命最后的时间里，他继续科学实验。每天一大早，他便和叶毓芬一起出门，前往动物实验室。他们总是提前两个小时到达实验室，夫妻俩几十年如一日，始终保持着这个习惯。

春天是童第周夫妇进行科研的黄金季节，因为金鱼此时开始产卵，每天早上6点左右，是金鱼产卵的时间。实验室有专门的鱼塘，里面养着用于实验的金鱼。

金鱼一开始排卵，实验室的研究人员便会忙碌起来。童第周端坐在立体显微镜前，叶毓芬在小心地处理金鱼受精卵，研究组的助手们也全神贯注地进入各个实验环节。而在生化实验室里，研究人员已提前对鲫鱼卵子做了一系列复杂的提纯处理，从卵细胞质里取得核糖核酸。他们将盛着这种清纯液体的试管，小心地放到童第周的手边。

接下来就是童第周大显身手的时候了。在高倍显微镜下，他非常灵巧地拿着极精小的钢镊夹住一枚只有几毫米的鱼卵，准备撕去那层薄如蝉翼的卵膜。这个实验过程最需要的就是稳定性，实验者一不小心，就可能让一个小生命从此消失。自留学时代起，童第周的准确性和灵敏度都是无与伦比的。只见他夹住卵子的一端，轻巧地向两边一撕，卵膜便被剥离得干干净净。接着是把细胞核移植到别的卵细胞中，把鲫鱼的核糖核酸准确注入金鱼受精卵细胞质内。童第周以精准的技术完成了受精卵的实验。

俗话说，台上一分钟，台下十年功。童第周之所以能练就如此出神入化的本领，与他早年的辛苦努力是分不开的。

这种核移植实验的连续性很强，一旦开始就不能中断，一定要一批批地做下去，而且还要分出同类和异类对比组。所以，每次做实验都是一大早就开始，并一直持续到下午两三点才结束，期间注意力要高度集中。实验者在此期间几乎连动都不能动。童第周年纪大了，精力和体力都大不如前，但他还是坚持八九个小时的连续实验。终于有一次，他在长时间工作后，因体力不支晕倒了。

叶毓芬的身体也在多年的科研过程中严重透支，她经常觉得倦怠无力。有时学生劝她在家多休息，有事打电话通知他们就行，可她仍是亲力亲为，帮助童第周将实验的事情打理得井井有条，是童第周最得力的助手。童第周后来回忆叶毓芬时说："她工作要求非常高，总是反复检查。在做细胞核实验的时候，全靠她的细心检查，实验才能顺利完成。"

后来，叶毓芬隐约感到身体不适，但她仍一如既往地关心实验室的工作，经常到实验室看望同事。那天，她从实验室回家，路上碰到严绍颐，两人停下来寒暄了几句。严绍颐见叶毓芬的脸色非常不好，说话有气无力，走起路来两腿僵直，生怕她跌倒。严绍颐怀疑师母的身体出了大问题，回到实验室后紧急对童第周说："童老师，我在路上遇到叶老师，她的脸色非常难看，走路也走不稳，您要不回家一趟吧。"童第周虽然很担心，但一想到实验进度，还是决定留在实验室。他说："现在正是实验的关键时刻，我走不开啊！"

没过多久，童第周办公桌上的电话急促地响了起来。是家里打来的电话，家人焦急地告诉他叶毓芬的情况很不好，让他赶紧回家。童第周的心好像一下子被人揪起来，他把实验室的工作简单交代一番后赶紧往家赶。一进家门，发现叶毓芬躺在床上脸色苍白，呼吸也不顺畅，看来比严绍颐说的情况还要严重。在邻居和家人的帮助下，叶毓芬被送到了医院。经过医生的奋力抢救，叶毓芬仍没有脱离危险。三天后，这位与童第周在科学和生活中携手数十载的忠贞伴侣带着万分牵挂与不舍，离开了人世。

除了去比利时留学的那段时间，回国后，童第周和叶毓芬很少分开，两人互相扶持，相依相伴46年。1937年8月，童第周准备前往已搬迁到安庆的山东大学教书，叶毓芬生怕带着年幼的孩子会拖累童第周，于是就和孩子们回到童第周的老家童家岙，在那里她生下最小的儿子，并在童第周大哥夫妇的照料下，艰难地抚养 4 个孩子。1948 年 3 月，童第周赴美考察，夫妻俩又分开一年多。这些短暂的分离，让两人愈加认识到对方的珍贵，感情也越来越深厚。此后，他们一直相互陪伴，再也没有分开过。

童第周性格内向，为人刚直，他一心扑在科学工作上，在生活中很依赖妻子，而叶毓芬开朗率真，心思细腻，家里家外都是一把好手。年轻时夫妻俩工作都比较忙，但叶毓芬总是能在保证工作高质量完成的情况下还把家务打理得井井有条。有段时间，童第周收到堆积如山的信件，回信大部分由叶毓芬代笔。在相夫教子的同时，叶毓芬在科研工作中也做出不小的成绩。在童第周众多的研究论文中，由她和童第周合作完成的论文就有 29 篇，占童第周主要论文的 60% 以上。童第周十分欣赏这位"上得实验台，下得厨灶间"的助手，曾高度评价她："她工作非常突出，观察仔细，甲是甲，乙是乙，反复观察。统计也非常仔细，她总是反复计算，以求绝对准确。"

相伴走过 46 载光阴，如今叶毓芬溘然离他而去，这一突如其来的打击让童第周难以接受。他不止一次老泪纵横，痛苦地说："我不仅失去了深爱的妻子，更失去了一位优秀的助手！"但是，斯人已去，长久地沉湎于悲痛中也于事无补，只能强迫自己尽快恢复工作状态。他坚强地表示："虽然毓芬去了，但我想她的心还在科学上拴着，以后我要连她的工作一起完成！"

在叶毓芬逝去后的很长一段时间里，童第周的实验室里仍然保留着叶毓芬的桌椅和实验用具。童第周每天上班的第一件事，就是细心地擦拭一遍这些实验用具，然后深情地凝视着它们，一切都好像妻子还在世的时候那样。

晚年的童第周虽然经历了政治上的磨难和失去老妻的痛苦，但他仍然铭记着自己的职责。1976年"四人帮"倒台后，他一下子又找到了50年代初的那种昂扬奋发的劲头。

1977年3月，童第周随中国科学家代表团访问澳大利亚，这次出国让他收获颇丰。他高兴地说："现在我们赶上了好时候，一定要好好地搞科学研究。为了祖国的未来，我要继续奋斗，把所有的生命和精力奉献给祖国的科研事业。"不久，他被国务院任命为中国科学院副院长，并当选为第五届全国政协副主席。

童第周晚年希望在中国建一个世界一流的发育生物学研究中心，使研究人员专心致志地进行科学研究，并为国家培养新一代的科学研究人员。为此，他不知疲倦地奔波于天津、广州、上海、南宁、武汉、杭州等地，推广自己的科研成果，希望将其运用于实际生活。70多岁的他一工作起来就废寝忘食，还经常熬夜加班。年轻的同事们都苦劝他要注意身体，他却爽朗一笑，说："你们放心，我的身体非常好，我还要参与建设'四个现代化'呢！"

为了抒发胸怀，1978年2月，童第周在《诗刊》上发表了一首诗：

> 周兮周兮，年逾古稀。
> 残躯幸存，脑力尚济。
> 能作科研，能挥文笔。
> 虽少佳品，偶有奇意。
> 虽非上驷，堪充下骥。
> 愿效老牛，为国捐躯。

童第周这首诗涌动着的豪情可与曹操《步出夏门行·龟虽寿》中"老骥伏枥，志在千里；烈士暮年，壮心不已"两句比肩。这是76岁的童第周在全国科学大会前夕，向党和人民写下的豪言壮语。

## 5. 出公忘私的老科学家

新中国成立后，全国上下百业待举，各行各业都集中力量投入国家的建设事业。民众的生活水平有限，科学家群体也不例外。童第周一家人口多，在计划经济按需分配的体制下，他们的经济状况总是捉襟见肘，但他从来不向组织诉苦，心里念念不忘的是国家百废待兴，应该把钱用在刀刃上。除了每个月的工资以外,他总是把国家额外给的办公补助原封不动地退回。比如,他在1955年当选为中国科学院学部委员(后改称"院士")后,每月有100元的办公费,但他坚持如数退回。后来,他和叶毓芬一起被调到北京工作,最初几年他们的人事关系仍在中国科学院青岛海洋生物研究室(所),加上他们每年都回青岛进行文昌鱼的研究,所以青岛海洋生物研究室(所)每年给他300元车马费,但童第周认为自己已经领了工资,这笔钱无从谈起,便要求青岛方面不再发放。

20世纪70年代末,中国开始改革开放,童第周出国考察的机会多了起来。很多人认为,所谓出国考察,无非是出国游玩、享受、见世面。但童第周却不这样认为,他觉得每次出国考察都是一次很好的学习机会。每次出国前,他都事先做大量的调查研究,比较自己的研究领域在国内外的现状,找出需要学习加强的地方,以便到了国外有重点、有主次地与对方交流。

这时,童第周带科学代表团出访或参加学术活动,国外同行已经开始使用录音笔等设备,但对于刚刚与国际接触的新中国的科学家来说,这些先进设备都是可望而不可即的。因此,童第周每次跟国外同行进行学术讨论时,只能用脑子记,讨论结束后再根据回忆整理出要点。为此他常说:"出国访问对我来说是非常辛苦的,我要手、脑、眼齐上阵,还要不停地说,晚上回到住处再整理白天的情况。到国外交流是难得的机会,所以要抓紧每一分每一秒,每天都不能松懈。"因此,每次出国考察归来,他都是满载而归,带回丰硕的交流成果,带回最新的科学信息和学术前沿动态。

1978年,全国科学大会在北京召开,各地号召民众学习科学技术。来自全国各地的信件像雪片一样纷纷投到童第周的信箱里,大家在信中询问了各种各样的问题。童第周被民众的热情打动,他十分欣慰,虽然年事已高,但还是逐一回信,耐心地解答问题。家人劝他劳逸结合,他却说:"难得看到民众学习科学的热情这么高涨,怎么能扫大家的兴、泼大家的冷水呢?"

在众多来信中,有一封信引起童第周的兴趣。一对年轻夫妻因生下来的孩子长得不太像父亲,夫妻之间发生猜疑。为了解开疑团,他们决定写信咨询专家,询问如何鉴别孩子是不是亲生的。童第周给他们写了一封语重心长的回信,信中不仅阐明生物孕育的科学道理,还用大量篇幅劝说这对年轻夫妻,他说夫妻相处最重要的是互相尊重、互相信任,只有秉承这个原则,才能长久和谐地共同生活。那对年轻夫妻收到信后,既钦佩又感激这位生物学家,想不到他不但用通俗易懂的语言给他们普及科学知识,还平

## 第五章 奋斗不容间

和地给出人生建议。最后夫妻俩和好如初,并回信向童第周表示感谢。

这段时期,童第周每个月都要回复大量信件,光邮资一项就是一大笔钱,但他毫不在意。他看重的是用知识化解未曾谋面的陌生人心中的疑团,他想尽己所能为他们答疑解惑。

晚年童第周身居中国科学院领导的高位,生活条件大为改善,但他仍严于律己,廉洁奉公。组织上为他配备专车,但他为了抓紧时间工作,并且不影响司机休息,中午从不回家吃饭,而是带饭到实验室,饭后只在沙发上稍微休息片刻便起身开始下午的工作。不是因公外出的时候,他从不用车,也不允许家人使用公车。有一次,家里的电视机坏了,孩子们请童第周的司机帮忙拉去修理,童第周知道后,狠狠地教训了孩子们。还有一次,三子童时中到北京出差,想搭父亲的便车去中关村办事,结果又被数落一番,最后童时中坐公交车去了中关村。

美国纽约大学医学中心教授、分子生物学家陈享1974年回国探亲时,特地拜会了童第周,两人先后见了四五次面。其间,有一件小事让陈享记忆犹新:当时陈享在发育生物学研究所,有两三次搭童第周的便车进城。有一次,他搭车时已经是下午两三点,于是提议请童第周一起吃饭,但童第周坚持不从,而是回到所里吃自己带来的便饭。此外,每次出行,童第周都提醒司机选择最近的路线,以节省汽油。

童第周做事大公无私,光明磊落,从不徇私情。新中国成立后,他的一些学生从其他学校转到山东大学教书,谁知工资不增反降,童第周就说服他们以大局为重、以科学事业为重,接受当时的工资标准。周才武教授从复旦大学调到山东大学后,工资比同时调入的其他教授高,童第周认为不能因为周才武是自己的学生就搞特殊化,于是说服周才武将他的工资待遇降了一级。

1953年,童第周在山东大学任副校长,系务由曲漱惠教授代理。曲漱惠从山东大学毕业后一直担任童第周的助教,抗战初期还是童第周的科研合作者。他业务能力强,有多年的行政管理经验。不久,动物系和植物系合并,需要童第周推荐一名系主任。童第周首先考虑的不是自己的学生曲漱惠,而是大力推荐了植物系的陈机教授,认为这样安排有利于合系后工作的开展。陈机教授于1943年获得法国里昂大学国家自然科学博士学位,是一位著名的植物解剖学家,他于新中国成立之初回国。童第周这种大公无私的做法,受到全校师生的钦佩。童第周对自己的学生说:"虽然我暂居领导之位,但是作为我的学生和家人,你们不仅得不到任何特殊照顾,可能还要吃亏啊!"

## 第五章 奋斗不容间

童第周的妻子叶毓芬早在 20 世纪 30 年代就在中央大学担任助教,一直到新中国成立之初才升任副教授。童第周作为她的直属领导,把她升为教授简直易如反掌,但童第周总是一次次把名额让给其他科研人员,唯独避开叶毓芬。叶毓芬理解童第周这样做是出于避嫌,为了支持丈夫工作,她默默接受,这让童第周心里很过意不去。叶毓芬去世后,童第周非常难过,经常痛心地说:"她是那样出色的一位学者,可就是因为我,才不能被评为教授。我对不起她啊!"

童第周不仅对自己的爱人、学生要求严格,对子女也从不搞特殊。他的儿女们从上学到分配工作,一直以来都是服从安排,祖国哪里有需要便到哪里去。直到晚年,因为身体不好,童第周才勉强同意让一个孩子回到北京照顾他的起居生活。

童第周对子女的家教历来严格。他特别强调,世界上没有天才,所谓天才都是努力的结果,只要肯下功夫,总会实现自己的愿望。此外,还要有长远的眼光,只有这样才能有所作为。正因为他的严格管教,他的子女在各自的岗位上兢兢业业,在不同的领域取得了瞩目成就。

童第周的长女童夙明毕业于山东大学医学院,她继承父亲的衣钵,从事组织胚胎学教学研究,后来在上海复旦大学医学院组织胚胎教研,她的成果多次获得科技成果奖。

童第周的女婿成令忠也是生物学教授，长期从事胚胎学、细胞生物学的教学和研究。

长子童孚中从小既聪明又顽皮，上小学的时候因为成绩优异直接从一年级跳到三年级。童第周夫妇在儿子身上寄托了很大的希望，一直悉心教导他把聪明才智用到学习上。后来他又从三年级跳到五年级，从重庆北碚小学毕业时才10岁。回到青岛上初中后，淘气的他一下子变得稳重起来，学习上也变得更加自觉。后来他从南京农业大学畜牧兽医系毕业，先后在南京农业大学、江苏农学院任教，之后任中国农业科学院科技文献信息中心学术委员会委员、教授级编审，为我国农业科学和农业新技术的发展做出贡献。

次子童宜中，抗战时在童家岙的伯父家度过童年时代，并读完小学三年级。后来回到父母身边，在青岛上学。1959年他从唐山铁道学院（今西南交通大学）毕业，先后担任铁道部工程局设计院副总工程师，国家对外经贸部外资司副司长、高级工程师，对外经贸部长城律师事务所正司级主任等职，还被聘为中国国际经济贸易仲裁委员会仲裁员，在不同的岗位上做出卓越的成绩。

三子童时中，1960年毕业于南京航空航天大学，先后从事机械设计、产品工艺、电子设备结构设计和标准化及技术管理等工作，发表论文百余篇，并有多部专著。曾在国家电力公司电力自动化研究院任高级工程师,他从模块化入手推动企业生产方式向大规模定制模式转化,使我国企业能尽快站到 21 世纪企业竞争的新前沿。对这一课题,童时中做了大量研究和实践。

四子童粹中,"文革"期间到陕西、海南岛等地插队落户,生活十分艰辛。后来由于身体原因回到北京,一直坚持自学,学会了电脑软件开发,先后到日本、美国与人合作开发软件,并获得中国科学院软件研究所高级工程师资格。

童第周很小就离开家乡,在异地漂泊,他未曾有一刻忘记过自己的家乡。他关心家乡的发展,特别是家乡文化事业的发展,他曾把自己收藏的一些字画文物捐赠给浙江省博物馆。

20 世纪 70 年代中期,浙江农村出现了"社队企业"这个新生事物。童家岙虽然只是个小山村,但也不甘落后。为了尽快摆脱贫困,村里的干部带领村民们办起了工厂,也就是童村大队胶木厂。这家工厂就地取材,最初的发展势头很不错,但发展到后来情况有了变化。当时中国经济主要面向国内,与外部交流极少,原料极度匮乏,到 1976 年,鄞县农村胶木厂达 200 多家,胶木压机达 800 多台,年加工胶木产品 1000 多吨,而胶木粉的原料却很稀缺。童村大队胶木厂创办不久就出现了原料危机,村民们很着急,想来想去，他们想到了老乡童第周。20世纪70年代，报纸上曾报道过童第周与周恩来总理、邓小平副总理等中央领导一起会见外宾的消息。当时童村的支部书记是个年轻人，刚过30岁，做起事来风风火火，他决定到北京去找童第周帮忙。

童第周听说老家来人，十分兴奋，他已经很久没回过家乡了，不知道老家发展得怎么样。为表重视，他专门抽出半天时间接待客人。面对童第周这位国家级的"大干部"，村支书表现得略显局促，他一时不知该如何开口。童第周见年轻的村支书很拘谨，主动问起家乡的情况，并开门见山地说："你来找我，是不是家乡遇到了什么困难？不要怕，大胆说。"

按照童第周在村里的辈分，村支书应该称呼他为太公。眼前的这位太公一身正气，除了知识分子的儒雅，还有一种不怒自威的庄严。村支书鼓起勇气，说道："太公，村里现在办了个胶木厂，急需胶木粉，您看有什么解决办法没有？"

"哦？咱们那里祖祖辈辈都是种地的，要胶木粉干什么？"童第周有些奇怪，接着又说，"我到过大寨，那里的农业搞得很有起色，你们也要好好学习大寨精神啊！我看咱们村还是踏踏实实发展农业吧！若是你们要水稻良种或苗木新种，我倒是可以帮忙。"这正好是中国科学院的优势。

  但是，村支书显然对搞农业没兴趣，童第周也看出了他的心思，不好再强求。童第周略微思考了一阵后，突然想起与他合作的牛满江曾经提到美国近年研究开发的机械化养鸡、养猪，不仅有利于农村的发展，还有不错的经济效益。于是，他建议道："要不我帮你们弄一些现代化的机械，发展村里的养猪、养鸡事业吧！你看怎么样？"

  当时中国农村几乎家家户户都养鸡、养猪，但仅以家庭为单位，并不成规模。憨厚的农民不敢想象能一下子养成千上万只鸡，在他们的思维视野里，全村一年养的鸡也不过几百只，机械化养鸡的方法可谓闻所未闻。所以，村支书一时没有领会童第周的意思，对这个建议也没有表示出多大的兴趣。当时村里流行一句话："压机一响，黄金万两。"村支书认为只有发展胶木加工，才能让全村人致富。但事实证明，童第周很有发展眼光。多年后，农村办起了各种养殖场，大力发展家畜养殖，人们的生活渐渐有了起色。

  童村老百姓知道这个消息后，到20世纪80年代改革开放初期，有好几家农户率先办起了家庭养鸡场、养猪场，虽然规模不大，也没有先进设备，但饲料却是配制而成的，因此很快便发家致富了。当然，这种小规模的养殖场与童第周的预想仍然相差很多。

十几年后,当年的村支书已经成了私营企业的负责人,每每回想起往日情景,他就懊悔不迭,觉得自己当年的眼光太短浅,以致失去了大好时机。同时,他对童第周敬佩不已,曾提议要在童村村口立一个童第周塑像,并修缮童第周故居。而今,当年童第周捎给故乡的苗木,已长成了参天大树。

## 6. 永不停息地探索

生物学是一门探索生命奥秘的学科,这条探索之路是无止境的。童第周深知生物学有广阔的前景,但是要让更多人真正从事生物学研究,无疑将面临重重困难。他一直致力于这项工作,并试图开拓新的途径。

身为一个在科学道路上不断迎难而上的勇士,童第周总是从毛泽东的哲学著作中汲取智慧,获得力量。

20世纪50年代,童第周就递交了入党申请书,表现出向党组织靠拢的诚意。之后遭遇"文革",动荡的局势并没有打消他入党的念头,反而在粉碎"四人帮"后,眼见国家重回正轨,到处一片热火朝天的建设场面,更加坚定了他入党的决心。他曾说:"我个人的经历越丰富,就越坚定地要加入党组织。"20世纪70年代末,年逾古稀的童第周充满感情地说:"我虽然到了这把年纪,但还是想用生命最后的时间,争取为祖国多做贡献,为国民造福。"此时,他最初的愿望仍在心头翻滚,那就是一定要加入中国共产党。1978年年底,童第周终于以76岁高龄成为一名光荣的中国共产党党员。未加入中国共产党之前,他就给自己立下规矩,要严格按照党员的标准要求自己;入党后,这个规矩更是被严格执行,毫无懈怠。在他生命的最后几年,他依旧克勤克俭、竭诚奉公,以"春蚕到死丝方尽"的奉献精神为国为民服务。

"文革"结束后,童第周重新在中国科学院担任领导职务,尽管社会事务增多,但他的科学研究并没有就此止步,反而取得进一步发展。1979年,为了让我国的生物科学事业得到长期稳定的发展,他制订了一个关于未来生物人才培养的计划,并打算在牛满江教授的支持和协助下,在我国建立一个世界一流的生物研究中心。

为了紧跟形势发展,他努力学习新知识,与时俱进。他每天晚上都挤出时间记忆英语词汇,并时刻关注下一代的培养。尽管健康状况不时亮起红灯,他还是多次抱病到天津、广州、上海、南宁、武汉、杭州等地作学术报告。1979年春节刚过,吴尚懃到广州出差时途经北京,便去拜望童第周,并向他汇报了自己的工作和计划。童第周对文昌鱼的研究提出很多建议,并表示如果身体状况允许,他还要到青岛去工作。

1979年3月2日，童第周应家乡人的邀请和蔡堡老师的嘱托，到杭州参加浙江省科学大会。开会期间，童第周白天与华罗庚、苏步青等科学家参加学术活动，讨论各种科学问题，晚上再将白天的发言整理成报告。他先后参加了多场座谈会，作了关于细胞学方面的学术报告，跟当地的一些科研机构进行学术交流，还与浙江大学生物系的师生进行座谈。

3月6日上午，童第周向浙江省的2000多名科技、教育和卫生界人士作了题为"如何加速科学事业发展"的精彩报告。他的报告激情澎湃，既总结了当时科学发展的方向，也表露了他为科学奉献的意愿：

第一，科学事业要发展，关键在于领导。要实现"四个现代化"，就要把我们的农业、工业、国防都建立在先进的现代化科学技术基础之上。我们希望各级领导同志要重视科学，科学事业才能发展。许多领导对党的方针是明确的，都想把科学技术尽快地搞上去。但有的领导同志对这方面的认识是不够的。一般地说，他们对科学的重视不够，对科学的热心不够，对科学的了解不够，还有跟群众的接触不够。粉碎"四人帮"以后，群众对科学的热情很高，我们领导同志要很好地引导，才能更快地发展科学事业。

第二，我们搞科学工作的人，一定要为科学事业奋斗一生。要把中国的科学事业很快地建立起来。以前科学院有个领导提出，做科学工作的人，要两耳不闻窗外事，意思要埋头干工作，提出安、钻、迷。现在看来，这种提法是对的。因为科学工作不安下心来做不行，不钻进去不行，钻进去就得要入迷，入迷才能钻进去，要入迷才行。对科学工作，不安心，不钻进去，不入迷，马马虎虎地搞一搞是不行的。科学工作没有上班、下班的，因为科学工作往往要连续不断地做下去，光靠上班下班，做 8 小时工作是不够的。科学工作在晚上还要干，脑子一天到晚要想科学，两只手一天到晚要做研究，要不分白天夜晚地干。这种精神是很重要的。我最近去了日本、澳大利亚，他们科学工作者很紧张，一天到晚搞，没有时间限制，带一些干粮、可可等东西，边吃边干。他们这种工作精神值得我们学习。我们要保证科技工作者有 5/6 时间用到业务上去。现在各种会议太多，大会、小会，一开就半天。这种情况要改变，会议要非常精简。搞科学工作，第一时间要抓紧，主要是你自己去抓，你自己不抓紧，时间是不会给你的。你要是抓紧，时间就有了。

第三，科学技术要在自力更生基础上，努力独创，同时还要积极学习外国先进科学技术。把学习与独创结合起来，洋为中用。有些外国现成的东西，我们就不必花费许多年的时间从头去做。各种专业代表团到国外去参观学习时，要事先对国内本专业存在的问题进行周密的调查研究，参观学习时就可以做到目的性明确，针对性强。当然，这只是一个方面。我们还必须在独创上下功夫，外国没有的，我们也要有。不然，就只能是"赶"，谈不上"超"。

第四，要加强基础理论的研究。基础科学和应用科学，两者不可偏废。生产单位的科研部门主要搞应用科学，也可以稍搞一点基础科学，而有些专业科研单位，就应当更重视基础科学研究。基础理论是研究自然规律的，如果不掌握基础理论，应用科学就没有"根"，知其然而不知其所以然，就不可能超过世界先进水平，而只能跟在人家屁股后面跑。所以，我们既要搞直接结合生产实际的研究，也要搞基础理论包括有些暂时不能结合生产实际的研究；既要考虑到目前的问题，也要考虑到长远的问题。

此外，要培养一支良好的科研队伍。提高科技人员素质，科技人员要广泛了解国内外科技信息，如果连人家科学发展到什么水平都不知道，还谈什么赶超呢？在学术领域里，一定要贯彻"百家争鸣"的方针。我们认为科学上的不同学派可以自由争论，科学上的是非问题，应当通过科学界的自由讨论和科学实践去解决,而不应当利用行政力量或采取简单的方法去干涉。

希望大家共同努力,加速科学事业的发展。要立雄心立壮志,要赶超世界先进水平。我说科学要有浪漫主义、科学浪漫主义,就是要解放自己的思想,敢于创新,敢于超过世界先进水平。……我们现在搞的这项生物研究工作是没有止境的,我决心把自己的全部精力贡献出来,同年轻人一块儿往前跑!

演讲进行了一个小时后,童第周突然晕倒了。在场的所有人都措手不及,工作人员急忙把童第周扶到后台休息,主持人宣布休息10分钟,但没有一个人离开。他们由衷地敬佩这位带病坚持演讲的科学家,同时又担心他的身体能否承受得住。10分钟后,童第周再次回到讲台,全场响起了雷鸣般的掌声。工作人员建议他终止这场演讲,可是他不同意,一直坚持到讲完为止。在场的听众都万分感动。

这是童第周的最后一次演讲,他后来一直为这场被迫中断的演讲感到遗憾。这次演讲结束后,浙江省领导希望他能在杭州疗养身体,但他婉拒了这份好意。他说:"现在春天已经来临,刚好鱼类开始产卵了,正是研究的好时机,我得抓紧时间赶回北京去。"他甚至来不及回家乡看看亲友故居，只在杭州拜望了恩师蔡堡和乡里的一些贤士，并在杭州请故乡的亲友小聚叙旧。

回到北京后，童第周的病情恶化了，他不得不住进医院。但是，只要身体稍有好转，他便要求工作。3月29日，就在他逝世的前一天，他还一直要求回到实验室去完成他的研究。3月30日早晨，童第周病危。时任中国科学院动物研究所所长的陈世骧，中国科学院秘书长郁文，副秘书长秦力生，全国政协副主席、中共中央统战部部长乌兰夫，都赶到了医院。当天，这位把一生都奉献给科学事业的巨匠因抢救无效，永远地离开了人世，享年77岁。

第二天，中央成立了以邓小平为首的童第周治丧委员会。4月11日下午，追悼会在北京八宝山革命公墓礼堂隆重举行。邓小平、李先念、王震、韦国清、乌兰夫、胡耀邦、彭冲、赵紫阳、许德珩、谷牧、宋任穷、沈雁冰、朱蕴山、康克清、季方、杨静仁、庄希泉、胡子昂等党和国家领导人出席追悼会。贝时璋、华罗庚、严济慈、周培源、茅以升、钱学森、刘华清、钱三强等首都各界人士共600多人参加了追悼会。聂荣臻元帅主持追悼会，方毅副总理致悼词。在悼词中，方毅副总理对童第周的一生作了高度评价：

## 第五章 奋斗不容间

童第周同志是我国著名的生物学家和优秀的教育家,卓越的实验胚胎学家,我国实验胚胎学的主要开创人。1934年从比利时回国后,在黑暗的旧社会,克服种种困难,艰苦奋斗,从事科学和教育工作。全国解放后,他积极参加社会主义革命和社会主义建设。……他努力学习马列主义、毛泽东思想,把全部精力贡献给祖国的科学和教育事业。在林彪、"四人帮"横行的日子里,他勇于坚持真理,排除干扰破坏,仍然坚持基础理论研究,取得了很好的成绩。在揭批林彪、"四人帮"的运动中,他立场坚定,旗帜鲜明。

童第周同志勇于探索,治学严谨,自觉学习和运用辩证唯物论,善于抓住新动向和新苗头进行系统深入的、富有特色的研究工作。在他将近50年的科学生涯中,他和夫人叶毓芬同志以及其他科学工作者一起,一直从事发育生物学的研究,先后发表科学论文、专著70余篇(部),使他领导的研究工作居于国内外同类研究的先进行列。童第周同志早期在脊椎动物、鱼类和两栖动物卵子发育能力的研究方面,有独特的发现。从50年代开始,他系统地研究了在生物进化中占有重要地位的脊索动物文昌鱼的卵子发育规律,为国际上这方面的研究提供了系统的重要文献,并为进一步确定文昌鱼在动物分类学上的地位提供了重要证据。60年代后,他主要研究了无脊椎动物、鱼类和两栖类的细胞核和细胞质在个体发育、细胞分化及性状遗传中的相互关系，取得了创造性的成绩。同时，在与国民经济建设关系密切的海洋有害生物的防治、经济水产动物的人工养殖、开拓培育经济鱼类新品种的新途径等方面，也都做出了很大的努力和贡献。他热心培养科技人才，重视科学普及工作，积极促进国际间的科学交流与合作。他培养了不少优秀科技教育人才，为发展我国的科学教育事业做出了重要贡献，受到了广大科学教育工作者的爱戴和敬重。

童第周同志的一生是勤勤恳恳、兢兢业业为科学教育事业献身的一生。他几十年如一日，忘我地战斗在科研工作第一线。……他以古稀之年加入中国共产党，精神振奋，干劲倍增，更加不知疲倦地进行科学研究，并到外地讲学和视察，努力实现他入党时要在"有生之年，为国家为人民多做工作"的志愿。正当他努力为实现五年、十年科学规划，开始新的长征的关键时刻，他在紧张的科研学术活动中发病，医治无效，不幸和我们永别了。他的逝世，使我们科学教育界失去了一位老前辈，是我国科学事业的一个重大损失。

我们悼念童第周同志，要化悲痛为力量。我们要学习他献身科学教育事业的革命精神，学习他严肃、严格、严密的科学态度，学习他顾全大局、艰苦朴素、谦虚谨慎、联系群众、忘我劳动、鞠躬尽瘁的工作作风。

  童第周作为20世纪世界著名的生物科学家,在中国生物研究领域的卓越贡献,让他注定被后来者铭记崇敬。他的功绩,将被人们交口称颂;他的精神,将滋养后学不懈奋进;他的事业,将薪火传承下去,永不停滞……

## 附录　童第周大事年表

1902年5月28日,生于浙江省鄞县(今宁波市鄞州区)塘溪镇童家岙。

1908年,入读父亲创办的私塾。

1916年,协助兄长管理私塾,并自学课程,被人称为"小先生"。

1918年,进入宁波第四师范学校预科班学习。

1920年,考入宁波效实中学。

1922年,放弃效实中学将他保送圣约翰大学的资格,回到童家岙代替长兄在冠山小学执教并务农。

1924年,考入复旦大学。

1927年,从复旦大学毕业,经陈布雷推荐,被分配到南京北伐军政治部宣传处工作，因不满政府虚假作风而辞职；后又在浙江省桐庐县建设科工作。

1928年，在蔡堡帮助下，任中央大学生物系助教。

1930年，与叶毓芬结婚，并赴比利时比京大学（今布鲁塞尔大学）留学。

1934年，获比京大学哲学博士学位，年底从比利时回国，任山东大学生物系教授。

1937年，抗日战争全面爆发，随山东大学内迁。

1938年，先在国立编译馆任翻译，后任中央大学医学院教授。

1941年，携全家老小内迁至四川宜宾李庄镇的同济大学，任生物系教授。

1944年，出任复旦大学心理生理研究所研究员，兼生物系教授。

1946年，山东大学在青岛复校，任生物学系教授、系主任。

1947年，作为山东大学教职委员会主席，支持学生在"反饥饿、反内战、反迫害"斗争中的反抗举动，揭露了国民党反动派的罪恶。

1948年，赴美考察，被耶鲁大学聘为动物系教授，后应邀到马萨诸塞州的伍茨霍尔海洋生物研究所担任研究员,被英国剑桥大学聘为客座研究员。3月,当选为中央研究院院士。

1949年,归国任山东大学动物系教授、系主任,并与曾呈奎联名向中国科学院提出在青岛建立海洋生物研究所的建议。

1950年,中国科学院水生生物研究所青岛海洋生物研究室成立,童第周担任主任。

1951年,出任山东大学副校长。

1952年,童第周以人工授精的方法在实验室获取文昌鱼的受精卵。

1953年,经郭沫若推荐,出任中国科学院水生生物研究所副所长。

1954年,当选第一届全国人民代表大会代表。

1955年,被选聘为中国科学院首批学部委员(后改称"院士")、生物地学部常务委员。

1956年,参加《1956—1967年国家科学技术发展远景规划纲要》讨论会;调入中国科学院,担任生物地学部的副主任;在青岛主持召开首次全国遗传学座谈会。

1957年,任中国科学院生物学部主任;任四国渔业委员会副主任委员，并以中国代表团秘书长的身份到莫斯科参加中、苏、越、朝四国渔业会议。

1959年，当选第二届全国人民代表大会代表。

1960年，兼任中国科学院动物研究所研究员、所长。

1963年，鱼类的同种核移植获得成功，并发表论文。

1964年，当选第三届全国人民代表大会常务委员会委员。

1965年，进行鱼类不同亚科间的异种核移植。

1971年，进行核质杂种鱼的培育试验工作。

1973年，与牛满江合作，培育出单尾金鱼，称为"童鱼"；与牛满江合作撰写论文《核酸诱导金鱼性状的变异》；获得第一批鲤鲫核质杂种鱼。

1975年，当选第四届全国人民代表大会常务委员会委员。

1976年，在蝾螈和金鱼两种不同纲的动物之间做诱导变异实验，发表论文《肿瘤杂交细胞的抗癌免疫试验》。

1977年，任中国科学院副院长、中国科学院动物研究所细胞遗传学研究室主任。

1978年，因"童鱼"的研究成果荣获"国家科技进步"一等奖；当选第五届全国政治协商会议副主席、第五届全国人民代表大会常务委员会委员；12月，加入中国共产党。

1979年3月30日，因病在北京逝世。

# 后 记

关于竺可桢、华罗庚、苏步青、童第周等科学家，相信很多人在中小学课本里对他们的事迹就有些了解。他们爱国敬业、勇于探索、自力更生、发奋图强的精神和淡泊名利、甘为人梯的高尚人格，一直令我深受鼓舞，这种情怀也伴随着我成长。参加工作后，编撰一套科学家榜样丛书，让他们的精神广为传承与发扬，让不同年龄层的读者通过阅读他们的事迹得到精神方面的滋养，也成为我的一个心愿。

在一次选题论证会上，大家畅所欲言、各抒己见，我也说出了多年来深藏心底的想法，结果得到同事们的极大认可，并且都跃跃欲试，想要参与其中，这让我心里有说不出的高兴与感动。很快，我将本套丛书的策划案以电子邮件的形式发给华中科技大学出版社大众分社的亢博剑社长，几天后收到亢博剑社长的回复。他在邮件中明确表示，总社、分社一致通过了本套丛书选题，希望尽快组织编写，争取早日付梓。在此，谨向华中科技大学出版社总编姜新祺、大众分社社长亢博剑及所有参与审校的编辑老师表示深切的感谢！

  选题确定后，公司马上成立了编写团队，一方面联系科学家的家人、好友及同事进行采访，一方面到各省市的纪念馆搜集一手资料，然后进行整理、归档、撰写。为了保证史料的严谨性，我们查阅了大量资料；为了更好地诠释老一辈科学家的科学精神和家国情怀，我们对书中的文字反复进行修改润色。经过将近一年的努力，初稿完成，并特邀海军大校、《海军杂志》原主编、海潮出版社原社长刘永兵编审审校。本套丛书还有幸得到了中国工程院原党组成员、秘书长兼机关党委书记，曾任钱三强院士专职秘书多年的葛能全先生审订。初次拜见葛老时，我们介绍了出版这套丛书的初衷及编写过程，葛老赞许道："你们还坚持这份初心，不容易！我对这套丛书的10位科学家颇为了解，他们也是我的青年导师。"葛老当场提出无偿帮助我们审订这套丛书。从2019年5月初至2019年10月底，葛老不畏暑天炎热，对10本书稿进行了逐字逐句的审校，并提出许多宝贵的修改建议。

  在本丛书的编写过程中，李建臣先生于百忙之中也给予了许多宝贵的指导和建议，并在团队多次真挚的邀请下，

## 后　记

同意担任本套丛书的主编。

在此谨向葛能全先生、李建臣先生、刘永兵先生致以诚挚的感谢和崇高的敬意！

由于编者水平有限，加上本丛书涉及人物众多，难免有不准确、不妥当之处，尚祈广大读者批评指正。